Wahrnehmungsstörungen bei Kindern – Hinweise und Beobachtungshilfen

Liebe Leserinnen, liebe Leser!

Wir alle kennen das Problem: Ein Kind fällt uns auf. Es bewegt sich „irgendwie" anders, es spricht oder spielt „irgendwie" anders, es verhält sich „irgendwie" anders im Kontakt mit Gleichaltrigen. Doch was genau könnte diese Auffälligkeiten bedingen? Ein mögliches Erklärungskonzept bietet die neuro-psychologische Theorie zur Wahrnehmungsentwicklung. Je nach Forschungsbefund soll jedes zehnte bis sechste Kind „Wahrnehmungsstörungen" aufweisen.
Normale wie „irgendwie" auffällige Entwicklungsmuster offenbaren sich indirekt über beobachtbare Verhaltensweisen, d. h. im Spiel- und Sozialverhalten, in der Grob- und Feinmotorik, Ausdauer und Konzentrationsfähigkeit, in der non-verbalen und verbalen Kommunikation u.v.m. All diese Leistungen basieren wesentlich auf Prozessen der sensorischen Wahrnehmung und deren integrativen Prozessen auf höheren Verarbeitungsebenen des zentralen Nervensystems.
Dieses Heft bietet einen fundierten Einblick in die Thematik sowie konkrete Beobachtungshilfen. Diese ermöglichen es, die umfassende Bedeutung grundlegender Wahrnehmungsprozesse für die menschliche Entwicklung zu erkennen, die Aufmerksamkeit verstärkt auf förderliche Bedingungen zu lenken und die Beobachtungsfähigkeit für Auffälligkeiten in der Wahrnehmungsentwicklung zu schärfen.

Maria Pfluger-Jakob

I. Auffälligkeiten in der Wahrnehmungsentwicklung verstehen

II. Beobachtungshilfen richtig anwenden

III. Beobachtungshilfen zu Wahrnehmungsbereichen

IV. Wahrnehmungsprozesse im Alltag anregen

Hinweis: Zur besseren Lesbarkeit verwenden wir überwiegend weibliche Bezeichnungen, zum Beispiel „Erzieherinnen". Selbstverständlich sind immer auch die männlichen Vertreter des Berufsstandes gemeint.

I. Auffälligkeiten in der Wahrnehmungs-entwicklung verstehen

Entwicklungs- und Verhaltensauffälligkeiten bei Kindern lassen sich oft auf Wahrnehmungsstörungen zurückführen, da Wahrnehmungsleistungen an allen motorischen, geistigen und seelischen Entwicklungsprozessen beteiligt sind. Um Auffälligkeiten erkennen und verstehen zu können, ist es deshalb wichtig, die Bedeutung von Wahrnehmungsprozessen zu erfassen.

Ziel des Hefts

Es gibt viele mögliche Ursachen für Entwicklungs- und Verhaltensauffälligkeiten von Kindern. Eine davon geht zurück auf Störungen in der Wahrnehmungsentwicklung, die es möglichst früh zu erkennen gilt. Kernfragen, die dazu immer wieder auftauchen, lauten:

- Woran erkenne ich Auffälligkeiten im Entwicklungsprozess eines Kindes, denen möglicherweise Wahrnehmungsstörungen zugrunde liegen?
- Was kann im Alltag in der Familie oder Kita beobachtet werden, das erste Hinweise bietet?
- Wie können die Beobachtungen interpretiert werden?

Screening-Verfahren zur Orientierungshilfe

Die Beobachtungshilfen in diesem Heft sollen Mitarbeiterinnen im pädagogischen Bereich als Orientierung für die Beobachtung konkreter Verhaltensweisen ca. fünf- bis sechsjähriger Kinder dienen, die direkt oder indirekt Hinweise auf normale bzw. auffällige Entwicklungsprozesse liefern. Es geht dabei nicht um eine genauere Ursachenbestimmung oder gar eine Diagnostizierung, sondern es geht vor allem darum, zu entdecken: „Da stimmt was nicht.“ Wichtig ist diese Altersstufe deshalb, weil auffällige Entwicklungsverläufe spätestens (!) im letzten Kindergartenjahr erfasst werden sollten. So können noch relativ frühzeitig und vor allem vor Schulbeginn geeignete Hilfestellungen geboten und der Entwicklungsprozess insgesamt positiv beeinflusst werden.
Auch können in der Grundschule auftauchende Lern- und Leistungsstörungen wie zum Beispiel Konzentrationsmangel, Schwierigkeiten in der Orientierung im Zahlenraum oder beim Erwerb des Lesens und Schreibens rascher ursprünglichen Ursachen zugeordnet werden. Das „bloße Abwarten“, oft bis ins dritte Schuljahr hinein, ohne gezielte Diagnostik und Hilfestellungen führt leider häufig zu einem Teufelskreis von entnervten, überforderten Eltern und Lehrern sowie überlasteten und entmutigten Kindern.

Sekundäre Folgen verhindern

Es ist leicht vorzustellen, wie daraus beim Kind sekundäre Folgen entstehen, beispielsweise Selbstwertprobleme, eine misserfolgsorientierte Haltung Aufgaben gegenüber, depressive oder gereizt-aggressive Grundstimmung, soziale Isolierung oder Stigmatisierung und andere Lernblockaden.

Aufseiten der Eltern kann sich eine zwiespältige Beziehung zum Kind entwickeln, da sie die Probleme des Kindes weder verstehen noch gezielt angehen können. Hin- und hergerissen zwischen akzeptierender Unterstützung, Mitleid, Ärger, Verzweiflung, Selbstzweifeln hinsichtlich ihrer Erziehungsfähigkeiten versuchen sie teils durch stundenlanges Üben und Hausaufgabenmachen (Überforderung), teils mittels Drohungen und (ungerechten) Bestrafungen der Probleme Herr zu werden. Selbst die „besten Eltern der Welt“ geraten leicht

Die Beobachtungshilfen dienen dazu, konkrete Verhaltensweisen von entwicklungsauffälligen Kindern wahrzunehmen und zu hinterfragen.

Kybernetisches Regelmodell zum Wahrnehmungsprozess

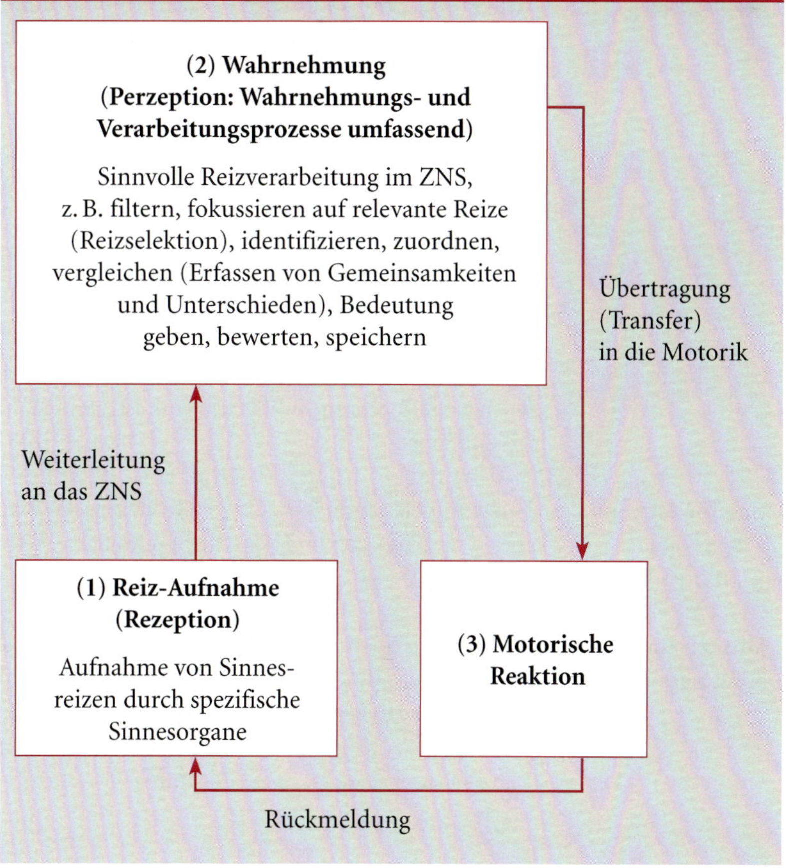

in die Zwickmühle von Akzeptanz ihres Kindes auf der einen Seite und dem Leistungsdruck der Schule oder auch dem sozialen Druck der Eltern von Mitschülerinnen und Mitschülern (falls das Kind bereits in die Rolle des Störenfrieds geraten ist) auf der anderen Seite.

Was ist Wahrnehmung?

Andreas Fröhlich (1977, S. 10) definiert Wahrnehmung als „die sinnvolle Verarbeitung von Reizen" im Zentralnervensystem (ZNS). Unter Reiz wird hierbei „jeder Impuls der Sinnesorgane an das Zentralnervensystem" verstanden. Die Welt wird nicht mit den Sinnesorganen erfasst, sondern vom Gehirn als Ergebnis der Verarbeitung eintreffender Signale und stets als subjektiv gefärbtes „Bild" konstruiert. Neben genetischen Komponenten unterliegt die subjektive Tönung des Welt-Bildes den aktiv und passiv erworbenen Sinneserfahrungen von Anbeginn des Lebens bis weit ins Erwachsenenalter hinein.

Sinnesmodalitäten und Sinnesleistungen

Sinnes- und Wahrnehmungsmodalität	Sinnesorgan(e)	Erkenntnistätigkeit und Sinnesleistung
Hautsinn oder Tastsinn (speziell bezogen auf Mund und Hände als sog. Tastorgane)	Haut mit den verschiedenen Sinnesrezeptoren (Empfängerorganen) für Berührung und Druck (Merkel-Körperchen), Temperatur (Thermorezeptoren), Schmerz (Schmerzrezeptoren), Kitzelreiz, Vibrationen (Vater-Pacini-Körperchen), Dehnung der Haut und Gelenkbewegungen (Ruffini-Körperchen), Anfang, Ende und Änderungen von Berührungen (Meissner-Körperchen und Haarfollikel-Rezeptoren)	Taktile Wahrnehmung („spüren"): Berührungsempfindung, Erkennen von Oberflächenstrukturen und Konsistenzen, Kitzelempfindung, Vibrationsempfindung, Kälte-Wärme-Empfindung, Schmerzempfindung, Objekterkennung (stereognostische Wahrnehmung in Zusammenarbeit mit Muskelsinn und anderen Sinnen)
Geruchssinn	Nase, Nasenhöhle mit Riechzellen (= Rezeptoren) in Riechschleimhaut	Olfaktorische Wahrnehmung („riechen"): Düfte erkennen
Geschmackssinn	Zunge mit Geschmacksknospen (= Rezeptoren) und Gaumen	Gustatorische Wahrnehmung („schmecken"): Geschmack erkennen (in Kooperation mit Geruchssinn)
Muskel- und Stellungssinn	Muskeln mit Spannungs- und Dehnungsrezeptoren, Sehnen mit Dehnungsrezeptoren und Gelenke	Kinästhetische Wahrnehmung („Körper und Bewegung empfinden", Motorik): Spannung, Druck, Bewegung und Bewegungsrichtung, Körper- und Bewegungsgedächtnis, Körperwahrnehmung

Sinnes- und Wahrnehmungsmodalität	Sinnesorgan(e)	Erkenntnistätigkeit und Sinnesleistung
Gleichgewichtssinne (Lage- und Drehbewegungssinn)	Gleichgewichtsorgan mit Flüssigkeit, Steinchen und Sinneshärchen (= Rezeptoren) in utriculus und sacculus (Teilorgane des Gleichgewichtsorgans)	Vestibuläre Wahrnehmung („stabil sein", „sich stabilisieren"): „sich bewegen", Raum-Lage-Orientierung, Drehbewegungen, Beschleunigungen erfassen, Gleichgewichtsregulierung und Körperkoordination (mit Muskel-, Stellungs- und Hautsinn zusammen)
Gehörsinn	Ohren, Gehörapparat im Mittelohr und Innenohr mit Sinneshärchen (= Rezeptoren) in der Gehörschnecke	Auditive Wahrnehmung („hören"): Erkennen und Unterscheiden von Geräuschen, Tönen, Klangfarben und Lautstärken, Stimmen erkennen, Lokalisieren und Identifizieren von Geräuschquellen, Richtungs- und Bewegungshören, Melodien und Rhythmen erfassen, Unterscheidung von Lauten (Lautdiskrimination) und Spracherfassung, auditives Gedächtnis, auditiv-motorische Koordination (in Zusammenarbeit mit Muskel- und Stellungssinn)
Sehsinn	Augen mit Zäpfchen und Stäbchen (= Rezeptoren) in der Netzhaut	Visuelle Wahrnehmung („sehen"): Farben, Formen, Objekte und Oberflächenstrukturen erkennen, Objektkonstanz, Figur-Grund-Wahrnehmung, Entfernungswahrnehmung, Raum-Lage-Wahrnehmung (räumliche Beziehungen) und räumliche Wahrnehmung (dreidimensionales Sehen, Tiefenwahrnehmung), visuelles Gedächtnis u. a., visuo-motorische Koordination (in Zusammenarbeit mit Muskel-und Stellungssinn)

Was sind Wahrnehmungsstörungen?

Der Begriff „Wahrnehmungsstörung" ist streng genommen unscharf; der Einfachheit halber wird er hier im umfassenden Sinne als „Wahrnehmungs- und Verarbeitungsstörung" gebraucht. Damit erfassen wir alle Störungen in der sinnvollen Verarbeitung der im ZNS eintreffenden Sinnesreize.

Wahrnehmungsstörungen müssen ganz eindeutig unterschieden werden von Sinnesbehinderungen, wenn also die Sinnesorgane selbst eingeschränkt oder nicht funktionstüchtig sind, beispielsweise bei Schwerhörigkeit und Taubheit, Sehfehlern und Blindheit oder aber auch bei Erkrankungen des Gleichgewichtsorgans.

Wahrnehmung ist das Ergebnis eines komplexen Informationsverarbeitungsprozesses, der die in der Abb. S. 3 dargestellten Teilschritte beinhaltet. Innerhalb eines jeden Teilschrittes können Störungen auftreten. Wir sprechen erst dann von Wahrnehmungsstörungen im engeren Sinn, wenn in den Teilschritten Reizverarbeitung, Reaktion und Rückmeldung Störungen auftreten. Jegliche Wahrnehmung ist das Produkt eines integrativen Verarbeitungsprozesses von aktuell in das

ZNS eintreffenden Sinnesreizen mit bereits verarbeiteten (d. h. bewerteten, zugeordneten, gespeicherten usw.) Reizen der verschiedenen Sinnesmodalitäten. Diese sogenannten sensorischen Integrationsleistungen stellen wiederum die Grundlage für weitere Verarbeitungsprozesse auf höheren Organisationsebenen des ZNS dar, die sogenannte „höhere“ kognitive Leistungen bewerkstelligen, wie zum Beispiel Intelligenz, Konzentrationsfähigkeit oder Sprache.
Bis zum heutigen Tage haben die Wissenschaftler noch nicht vollständig entschlüsselt, wie das Gehirn die hochkomplexe Integrationsleistung vollbringt. Die einfachste Vorstellung wäre, dass es auf höherer Ebene ein Zentrum gibt, bei dem alle Informationen eintreffen, die dann integriert würden. Dem ist aber sicher nicht so. Man weiß heute lediglich, dass die integrative Verarbeitung – sowohl zeitlich parallel als auch in Millisekunden hintereinander geschaltet – permanent über mehrere Hirnbereiche hinweg verläuft. Wie und unter welchen Einflüssen stehend, ist noch nicht hinreichend enträtselt. Es zeichnet sich jedoch die Erkenntnis ab, dass neben der situativ vorhandenen emotionalen Befindlichkeit und Motivation (oder gerade auf Grundlage dieser beiden Faktoren) vor allem der „gerichteten Aufmerksamkeit“ entscheidende Bedeutung zukommt. Wenn also Augen abtasten, Ohren lauschen, die Nase schnüffelt und Hände erkundend betasten usw., wird erst jene Erregung (eine „Vorspannung“, vergleichbar dem Vorglühen eines Dieselmotors) hergestellt, durch die erstens die Reizaufnahme aktiviert wird und zweitens die Integrations- und Speicherprozesse besser gelingen. Diesem Umstand sollte bei allen entwicklungsförderlichen Aktivitäten Rechnung getragen werden.

Wahrnehmungsstörung – ein Sammelbegriff

„Wahrnehmungsstörung“ ist kein einheitlicher Begriff und auch keine eigenständige Diagnose oder „Krankheit“. Er ist vielmehr ein unscharfer Sammelbegriff, der verschiedene Auffälligkeiten in der Entwicklung primärer Wahrnehmungsprozesse (n. Affolter) und/oder in deren komplexeren Verschaltungen auf höheren Verarbeitungsebenen umfasst. Der Sammelbegriff zeigt an, dass beobachtbare Entwicklungs- und Verhaltensauffälligkeiten durch Wahrnehmungsstörungen mit bedingt oder gar hauptsächlich verursacht sind.
Hierzu einige Beispiele:
Bei Auffälligkeiten wie Fütterstörung oder exzessives Schreien im Säuglingsalter können Störungen der sinnvollen Verarbeitung von Haut- und Gleichgewichtsreizen oder eine akustische und geschmackliche Überempfindsamkeit die Ursache sein. Aggressives Verhalten, überstarke oder fehlende Ängstlichkeit und Tollpatschigkeit können durch Störungen in der taktil-kinästhetischen Entwicklung, einhergehend mit einem mangelnden Körperbewusstsein, (mit-)bedingt sein. Soziale Isolierung und stereotypes Spielverhalten – wie diese gerade für autistische Kinder charakteristisch sind – können Folge von Überempfindsamkeit im taktilen, visuellen, auditiven und geruchlichen Wahrnehmungsbereich sein. Daraus kann eine mangelnde Verknüpfung von einzelnen Sinnesmodalitäten untereinander resultieren sowie eine Störung der Wahrnehmungsentwicklung auf der Serialstufe (s. S.12).
Mangelnde Ausdauer und sprunghaftes Spielverhalten im Kindergartenalter sind häufig auf eine mangelhafte Fähigkeit zur Reizfilterung oder Handlungsplanung zurückzuführen. Bei Teilleistungsstörungen, zum Beispiel Lese-Rechtschreib-Schwäche, Sprachentwicklungsstörung und Konzentrationsschwäche des Schulkindes, lassen sich oft Störungen in der auditiven und der visuellen Wahrnehmungsentwicklung sowie im Körperbewusstsein und der serialen Entwicklungsstufe finden. Auch kann das Erscheinungsbild eines Syndroms (z. B. ADHS, Autismus und Down-Syndrom) wesentlich durch das individuelle Muster von Wahrnehmungsstörungen innerhalb der einzelnen Sinnesmodalitäten und/oder der nächsthöheren Entwicklungsstufe der primären Wahrnehmungsprozesse geprägt sein.

Wahrnehmungsstörungen als Vulnerabilitätsfaktor

Es sei an dieser Stelle nochmals darauf verwiesen, dass Entwicklungs- und Verhaltensauffälligkeiten auch durch andere Faktoren (z. B. durch Bindungsunsicherheit bei gestörtem Mutter-Kind-Dialog mit einer depressiven Mutter oder durch Überforderungen und Angstblockaden) hervorgerufen sein oder zumindest mit bedingt sein können. Selbst wenn Wahrnehmungsstörungen eindeutig festzustellen sind, muss doch von einer komplexen Wechselwirkung dieses Befundes mit psychosozialen Komponenten wie beispielsweise Reaktionen der

sozialen Umwelt darauf, mit den subjektiven Bewertungen des Handicaps und dem angeborenen Temperament des Kindes ausgegangen werden.
Mit Bezug auf das wissenschaftlich anerkannte Diathese-Stress-Modell zur Erklärung der Entstehungsgeschichte (Genese) psychischer Störungen kommt den Wahrnehmungsstörungen die Bedeutung der Diathese (= biologischer Vulnerabilitätsfaktor; „Vulnerabilität" = Verletzlichkeit) zu, die in Wechselwirkung mit anderen (Stress-)Faktoren und in Altersabhängigkeit sich mehr oder weniger stark in Entwicklungs- und Verhaltensauffälligkeiten äußert. Umgekehrt gilt, dass bei Vorliegen von Wahrnehmungsstörungen – gleich welcher Ursache – günstige Umweltbedingungen hohe kompensatorische Wirkung haben können.
Zu den günstigen Bedingungen zählen beispielsweise: frühestmögliches Erkennen der Störung, um Überforderungen, Unterforderungen, ungerechte Bestrafungen, unangemessene Verwöhnungsstrategien usw. verhindern und rechtzeitig angemessene Unterstützung und Hilfestellung bieten zu können; Stärken und Kompetenzen des Kindes erkennen und verstärken; positive Interaktionsgestaltung, wodurch auch die Gefahr einer möglichen Störung des frühen Mutter-Kind-Dialogs reduziert wäre, der ja Grundlage für die Entwicklung eines sicheren Bindungsmusters ist. Eine sichere Bindung baut sich bei geglückten frühen sozialen Interaktionen auf. Sie gilt wiederum als Schutzfaktor, der die Wirksamkeit von Risikofaktoren oder genetisch bedingten wie erworbenen Vulnerabilitäten erheblich einschränkt.
Neurobiologisch und neuropsychologisch orientierte Autoren (vgl. Kandel u. a. 1996) sprechen vielfach von „Wahrnehmungs- und Verarbeitungsprozessen", um den höchst komplexen Prozess von der vorrangig noch sensorisch gesteuerten Aufnahme der Sinnesreize über die Weiterleitung zum Gehirn und die bereits kognitiven Prozesse der mehrfachen und schon integrierenden Verarbeitung in all den verschiedenen Ebenen des Gehirns (vom Stammhirn, Zwischen- und Mittelhirn zur bewusst machenden Großhirnrinde) zu kennzeichnen. Wie bereits dargelegt, wird im vorliegenden Heft der Begriff „Wahrnehmungsstörungen" im umfassenden Sinn als Störung der „sinnvollen Verarbeitung von Sinnesreizen" (Fröhlich, 1977, S. 10) im ZNS verstanden und schließt demnach die integrativen Verarbeitungsprozesse mit ein.

Die Entwicklung von Wahrnehmungsprozessen

Mit Einsetzen der embryonalen Hirnentwicklung beginnt auch die Entwicklung der Wahrnehmungsprozesse. Zu den am frühesten aufnahmefähigen Sinnessystemen in vorgeburtlicher Zeit zählen der Hautsinn, die Gleichgewichtssinne (Lage-, Dreh- und Bewegungssinn) sowie der Muskel- und Stellungssinn. Etwas später entwickeln sich Geruchs- und Geschmackssinn, Gehör- und Gesichtssinn (die visuelle Wahrnehmung betreffend).
Zum Zeitpunkt der Geburt sind die sogenannten „sieben Sinne" schon recht funktionsfähig und arbeiten auf gewisse Art sogar schon zusammen. Der ganze Wahrnehmungsapparat des Neugeborenen ist vorrangig auf das Aufnehmen von sozialen Reizen ausgerichtet. Das bedeutet, dass soziale Reize wie beispielsweise Hautkontakt, Geruch, Stimme und Gesicht von Bezugspersonen bevorzugt vor Reizen, die von Objekten ausgehen, aufgenommen, wahrgenommen und beantwortet werden.
Von grundlegender Bedeutung für die motorische, sensorische und geistig-seelische Entwicklung des Fötus und Neugeborenen sind die Wahrnehmungsleistungen der drei sogenannten Grundsinne (Hautsinn, Gleichgewichtssinne und Muskel- und Stellungssinn), die unter dem Begriff taktil-kinästhetische Wahrnehmung zusammengefasst werden. Sie behalten ihre hohe Bedeutung für die gesamte menschliche Entwicklung bis ins Erwachsenenalter hinein, d. h., bis die Entwicklung der Wahrnehmungsprozesse zum Abschluss kommt.

Positive Interaktionsgestaltung schränkt die Wirksamkeit möglicher Risikofaktoren ein.

Neuere wissenschaftliche Ergebnisse belegen, dass weniger genetisch bedingte Reifungs- und umweltbedingte Wachstumsprozesse der Antrieb für Entwicklungsvorgänge sind, sondern weit mehr die Motorik in Form von Eigenaktivität – eine Erkenntnis, der im normalen wie im auffälligen Entwicklungsverlauf eines Kindes besondere Beachtung geschenkt werden muss.
Entscheidend für die Weiterentwicklung ab der Geburt ist eine ausreichende Anzahl von Umweltreizen, die zudem von strukturierter Qualität sein sollen, d. h. in ganz natürliche Lebenssituationen bzw. in den sozialen Kontakt eingebettet

sein müssen. In diesen natürlichen Lebenssituationen vollzieht sich auch der für die weitere Entwicklung so bedeutsame Dialog zwischen Bezugsperson und Kind. In diesem Wechselwirkungsprozess agiert das Kind aktiv und re-agiert, wobei Motorik und Sinneswahrnehmung grundlegende Vorbedingungen hierfür sind.

Die Wahrnehmung ist Grundlage für höhere kognitive Leistungen wie Intelligenz, Konzentrationsfähigkeit oder Sprache.

Eine störungsfreie Wahrnehmungsentwicklung ist von mehreren Faktoren abhängig, die einander in Wechselwirkung beeinflussen. Die bedeutsamsten Faktoren sind:

- ein intaktes ZNS (keine Reifungsverzögerungen oder Schädigungen bestimmter Hirnregionen)
- die genetisch vorgegebenen maximalen Entwicklungsmöglichkeiten der Gehirnstruktur (z. B. keine genetischen Defekte). Die genetische Disposition bestimmt, in Abhängigkeit von den anderen Faktoren, über die Anzahl der Nervenzellen, Nervenbahnen und deren Verknüpfungsstellen (= Synapsen). Die Gehirnstruktur stellt das Schaltnetz dar, innerhalb dessen die Sinnesreize verarbeitet werden.
- die Qualität und Quantität der auf das Kind eintreffenden Reize. Wie oben erwähnt, kommt es besonders auf die ausreichende Anzahl sogenannter „strukturierter Reize“ (vgl. Rauh 1982) an.
- die Möglichkeit des Kindes zu Eigenaktivität. Es muss z. B. Augäpfel, Mund, Hände, Kopf gezielt bewegen können; später vor allem mit dem Mund, dann mit den Händen erkunden, betasten können; schließlich mit Gegenständen manipulieren und letztendlich auch handeln können.
- die Qualität und Quantität sinnesspezifischer Reize im genetisch festgelegten Zeitraum (Prägungsphase) eines Entwicklungsabschnittes innerhalb einer Sinnesmodalität. Beispielsweise ist bekannt, dass die visuelle räumliche Wahrnehmung sich innerhalb der ersten drei Lebensjahre entwickelt, sofern von beiden Augen gleichermaßen Impulse an das Gehirn gesendet werden. Bei einem stark schielenden Kind wird die für das räumliche Wahrnehmen zuständige Gehirnstruktur nur mangelhaft aufgebaut. Neurowissenschaftler postulieren heute, dass jede einzelne Sinnesmodalität, oft sogar einzelne Teilaspekte innerhalb einer Sinnesmodalität (z. B. Richtungshören), ihre eigenen kritischen Phasen hat, innerhalb derer eine Sinnesleistung aufgebaut wird.
- die emotionale Grundstimmung des Kindes. Gefühle wie Geborgenheit, Sicherheit und Vertrauen sind entwicklungsfördernd; Unsicherheit, Misstrauen, Verwirrung, Angst wirken sich eher entwicklungshemmend aus.

Ursachen von Störungen in der Wahrnehmungsentwicklung

Soweit bekannt, geht man je nach Art und Ausmaß der Störungen von unterschiedlichen Ursachen, oftmals von einem komplexen Ursachenbündel aus, wobei mehrere Faktoren in gegenseitiger Wechselwirkung das Ausmaß bestimmen. In vielen Fällen lassen sich jedoch keine der unten angeführten Ursachen nachweisen, sodass man hier von noch unbekannten Faktoren oder vagen Hypothesen ausgehen muss.

- Genetische Komponenten: z. B. genetisch bedingte Reifungsverzögerung bestimmter Hirnareale; genetische Dispositionen (z. B. bei ADHS) oder vorrangig genetisch bedingte Syndrome (z. B. Autismus, Trisomie 21), wodurch sowohl die Morphologie wie auch die Gehirnstruktur (neuronales Netzwerk) und Stoffwechselaktivitäten (z. B. Serotonin- u. Dopaminstoffwechsel) verändert sind, was wiederum die Verarbeitungsqualität der Reize im ZNS beeinflusst. Ebenso sind isolierte „vererbte“ Auffälligkeiten bekannt, wie bspw. Auffälligkeiten in der Lautdiskrimination (s. S. 40) oder auch Schwierigkeiten in der Fähigkeit, menschliche Gesichter wiederzuerkennen.
- Weitere biologische Komponenten: Hirnschädigung, z. B. durch Hirnhautentzündung, Hirntrauma, Sauerstoffmangel vor- und nachgeburtlich; Schwangerschaftskomplikationen, Medikamenteneinflüsse oder Narkosemittel, Nikotin-, Alkohol- und

Drogenabusus der schwangeren Mutter sowie Hirnschädigungen durch Komplikationen während des Geburtsvorgangs; negative Einflüsse auf die Gehirnentwicklung, z. B. durch Umweltgifte (auch Nikotin rauchender Eltern) und durch Nahrungsmittelunverträglichkeiten (nur in seltenen Fällen nachgewiesen).

- Persistierende (bestehen bleibende) frühkindliche Reflexe (z. B. Greifreflex) oder mangelnde Hemmung bzw. unzureichende Integration frühkindlicher Reflexmuster in höhere Bewegungsmuster. Diese motorische Entwicklung ist bspw. bedeutsam für die Fähigkeit, mit Augen und Händen die körpereigene Mittellinie überkreuzen, gezielt greifen oder einen angemessenen Haltetonus (stabile Körperhaltung) aufbauen zu können. Folglich können höhere integrative Leistungen (z. B. eine Vorlage ausmalen oder abzeichnen, lesen, beidhändiges Arbeiten, Dreirad fahren) als Produkt des Zusammenspiels von Wahrnehmungsfunktionen und Motorik betroffen sein.
- Reizarmut, insbesondere ein Mangel an „strukturierten Reizen", d. h. Reizen, die in natürlichen Lebenszusammenhängen geboten werden (anfänglich stets in sozialen Kontaktsituationen); denn nur solche werden vom Gehirn als „sinnvoll" erkannt und damit verwertet.
- Mangel an Eigenaktivität und Bewegung: Soziokulturelle Bedingungen, unter denen Kinder heute aufwachsen, haben sich grundlegend geändert. Vermehrter Fernseh- und Medienkonsum, beengte Wohnverhältnisse, wenig Spielraum drinnen wie draußen, eingeschränkte Möglichkeiten, mit Materialien und dem eigenen Körper zu experimentieren (z. B. Steine und Blumen sammeln, Hütten bauen, Staudämme anlegen, auf Bäumen klettern, Höhlen bauen, Hüpfspiele, mit Seifenkisten fahren oder auch rodeln).
- Psycho-soziale Faktoren: z. B. starker Stress in frühkindlichen Entwicklungsphasen wie Verwahrlosung, viele Ängste, traumatische Erfahrungen (z. B. schmerzhafte medizinische Eingriffe, lange Trennungserfahrungen, sexueller Missbrauch, Misshandlungen usw.) und andauernde schwerwiegende psychische Belastungen (z. B. Streitklima in der Familie, psychisch oder körperlich schwer kranke Bezugsperson). Frühe und massiv einwirkende Stressoren haben u. U. neurobiologische Auswirkungen, die heute als „epigenetische" Effekte bekannt sind. Demnach verändern die Stressoren über Anlagerungen an bestimmten Genabschnitten deren Tätigkeit. Das bedeutet, dass einzelne Genabschnitte nicht mehr den Anforderungen gemäß flexibel an- und ausgeknipst werden, was sich v. a. auf die Gehirnentwicklung (z. B. neuronales Netzwerk und Neurotransmitterhaushalt), die Regulierung von Stressreaktionen und intensiven Emotionen auswirken kann. Die im Gehirn als materielles Substrat ablaufenden neuropsychologischen Wahrnehmungs- und Verarbeitungsprozesse können hierdurch erheblich beeinträchtigt sein.

Zur Bedeutung von Wahrnehmung und Wahrnehmungsstörungen

Der Wahrnehmungsentwicklung und deren Störungen kann im gesamten menschlichen Entwicklungsprozess nicht genug Beachtung geschenkt werden: Wahrnehmung ist eine zentrale und grundlegende Funktion von Beginn des Lebens an. Sie bestimmt zum Beispiel jegliches Lernen, d. h. Sammeln, Auswerten und Speichern von Erfahrungen. Sie ist Grundlage aller Intelligenzfunktionen und aller sogenannten Teilleistungen wie beispielsweise der Fähigkeit zu sprechen, sich zu konzentrieren und zu schreiben. Und sie ist Grundlage für die seelische und soziale Entwicklung. Da Wahrnehmungsleistungen an allen motorischen, geistigen und seelischen Entwicklungsprozessen beteiligt sind, können sich Störungen in der Wahrnehmungsentwicklung auch auf alle Bereiche auswirken.

Wahrnehmungsstörungen können sich beispielsweise zeigen in:

- der Unfähigkeit zu altersangemessener Konzentration
- der Unfähigkeit, die Aufmerksamkeit auf das momentan Wesentliche zu richten
- einer Ungeschicklichkeit in der Grob- und Feinmotorik
- Auffälligkeiten des Sprechens (z. B. verwaschene Aussprache)
- verminderter Merkfähigkeit (z. B. von Reimen, Sätzen)
- Auffälligkeiten in der Spielentwicklung

- Teilleistungsschwächen (Sprachentwicklungsstörungen, Lese- und Rechtschreibschwäche, Rechenschwäche)
- einer erhöhten Stimmungslabilität und Reizbarkeit
- einer sekundär depressiven Grundstimmung
- auffälligem Sozialverhalten (Rückzug, Aggressivität, Klammerverhalten, erhöhte generelle Ängstlichkeit usw.) und vielen anderen Auffälligkeiten

Diagnostische Abklärung
Kinder mit Entwicklungsauffälligkeiten, die vorrangig durch Störungen der Wahrnehmungsentwicklung bedingt sind, können von leicht bis stark auffallen; meist jedoch in einer Form, die uns verleitet noch abzuwarten oder die Auffälligkeit als Marotten des Kindes zu bezeichnen, von denen man fälschlicherweise annimmt, dass sie sich schon noch auswachsen werden.
Als notwendig erachten Erwachsene eine diagnostische Abklärung oft erst, wenn das Kind im Grundschulalter ist, wenn zusätzlich Lern- und Leistungsstörungen beklagt werden müssen. Viel Leid – aufseiten des Kindes wie der Eltern – wäre hier erspart geblieben, wenn die Auffälligkeiten in der Wahrnehmungsentwicklung schon Jahre (!) zuvor erkannt worden wären, was oft möglich gewesen wäre.
Nun machen es uns besonders die leichter betroffenen Kinder nicht gerade einfach, die Auffälligkeiten zu entdecken. Sie haben gelernt, diese geschickt zu kaschieren, mit anderen Leistungen zu kompensieren, uns mit Ausreden und „klugen“ Argumenten „irrezuführen“ und Situationen zu vermeiden, in denen die Auffälligkeiten bemerkt würden. Zudem sind die meisten dieser Kinder normal intelligent, liebenswürdig und zeigen oft hervorragende Leistungen in Teilgebieten wie Sprache oder Fantasie. Wer käme da auf den Gedanken, dass doch irgendetwas in der Entwicklung nicht stimmt und das Kind Unterstützung oder sogar therapeutische Hilfe benötigt?
Umso wichtiger ist es, folgende Punkte zu bedenken:

- Schätzungsweise bei jedem sechsten bis achten Kind treten Auffälligkeiten in den integrativen Hirnfunktionen auf.
- Neuere Untersuchungen an großen Klinik- und Diagnostikzentren der Bundesrepublik verweisen auf einen dramatischen Anstieg der Anzahl von Kindern (bis zu 15 %), die von Auffälligkeiten in grundlegenden Wahrnehmungsleistungen betroffen sind. In diese Studien mit einbezogen sind auch Kinder mit Sinnesschädigungen wie Gehörschädigungen durch Lärmbelastungen und/oder Knalltraumata. Der Anstieg ist vermutlich durch veränderte sozio-kulturelle Lebensbedingungen, beispielsweise vermehrter Medienkonsum, zu wenig Bewegungsmöglichkeiten, Benutzen von MP3-Player auf voller Lautstärke, bedingt.
- Spätestens im Kindergartenalter sind Entwicklungsauffälligkeiten, die Folge einer Hirnfunktionsstörung sind, erkennbar, wenn auch manchmal nur unter genauer Beobachtung. Sie zeigen sich beispielsweise im Spielverhalten, in Bewegungsabläufen, in der Sprache, im Kontaktverhalten, in der anhaltenden emotionalen Befindlichkeit und in den gestalterischen Werken.
- Jedes dieser Kinder benötigt besonderes Verständnis, verstärkt emotionale Unterstützung, spezielle Hilfestellungen und Ermunterungen. Viele der Kinder brauchen gezielte therapeutische Maßnahmen wie z. B. heilpädagogische Behandlung, Ergotherapie, sensorische Integrationstherapie, Mototherapie, Psychomotorik, logopädische oder Sprachheilbehandlung, Verhaltenstherapie oder Spieltherapie oder therapeutisches Reiten.

Es sei aber ausdrücklich darauf verwiesen, dass in leichteren Fällen von Auffälligkeiten auch andere Hilfen ausreichen (oder die speziellen therapeutischen Maßnahmen zusätzlich unterstützen). Bei einem Kind, dessen Grobmotorik etwas plump und ungelenk wirkt, das leicht in erhöhte Muskelspannung gerät und sehr selbstunsicher ist, könnten gezielte sportliche Angebote wie zum Beispiel Reiten, Schwimmen, Judo sowohl sein Selbstwertgefühl stärken als auch die Körperkoordination und den Bewegungsfluss verbessern. Liegt die Ursache einer Auffälligkeit mehr in der visuo-motorischen und/oder auditiv-motorischen Koordination, empfiehlt sich beispielsweise Rhythmik. Auch sind in diesem Fall Freizeitaktivitäten in „Wald und Flur“, auf dem Abenteuerspielplatz oder an einem Bachlauf hervorragend geeignet, die Welt mit allen Sinnen gleichzeitig zu erfahren.

Generell gilt, dass ein möglichst vielfältiges und interessantes Umfeld mit hohem Aufforderungscharakter zur Eigenaktivität und Gestaltung (z. B. Waldhütte bauen, Staudamm anlegen oder auch eine „Hexensuppe“ kochen mit Naturmaterialien) die besten und natürlichsten Entwicklungsanregungen für jedes Kind bereithält.

Das neuropsychologische Modell der primären Wahrnehmungsprozesse

Félicie Affolter hat die Ergebnisse ihrer jahrelangen Forschungen zur kindlichen Entwicklung in ein zwar stark vereinfachendes, jedoch praktikables Stufenmodell zur Wahrnehmungsentwicklung eingeordnet (s. Schaubild S.13). Die sogenannten primären Wahrnehmungsprozesse umfassen in ihrer intensivsten Entwicklungsphase einen Zeitraum von etwa 18 Lebensmonaten. Sie entwickeln sich weiter, zum Teil bis ins Jugendalter hinein. Die einzelnen Stufen entwickeln sich zunächst hierarchisch von unten nach oben, beeinflussen sich aber auch rückwirkend von oben nach unten.

Die modale Stufe

Affolter geht davon aus, dass die Entwicklung der Wahrnehmung ab der Geburt bis ca. zum dritten oder vierten Lebensmonat zunächst hauptsächlich innerhalb der einzelnen Sinnesmodalitäten, d. h. Sinnesbereiche, voranschreitet. Mit zunehmenden Reifungs- und Wachstumsprozessen der Sinnesorgane, der Nervenbahnen und der Strukturen im ZNS verbessern sich die Wahrnehmungsleistungen der einzelnen Sinnesmodalitäten. Zum Beispiel kann das Neugeborene nur in einem Abstand von ca. 20–25 cm einigermaßen scharf sehen; sich bewegende Gesichter kann es nur sehr kurz verfolgen oder es hat noch Mühe, den Blickkontakt zu einem Partner herzustellen. Von Monat zu Monat verbessern sich all diese Fähigkeiten in rasantem Tempo.

Störungen auf der modalen Stufe wirken sich auf die nächsten Entwicklungsstufen aus. Ganz besonders beeinflussen modale Störungen der drei Grundsinne, das sind Hautsinn, Gleichgewichtssinne und Muskel- und Stellungssinn (= taktil-kinästhetische Wahrnehmung), die Verknüpfung der Sinne untereinander auf der intermodalen Stufe. Beispiele für modale Störungen: Liegt von Geburt an eine Fehlverarbeitung der Gleichgewichtsimpulse vor, kann es sich in einer übermäßig starken Schreckhaftigkeit und erhöhten Ängstlichkeit gegenüber Lageveränderungen zeigen – sogar noch im Grundschulalter. Ist der Muskelsinn nicht altersgerecht entwickelt, kann sich dies entweder in einer zu schlaffen oder zu starken Muskelspannung (Tonus) sowohl im Ruhezustand als auch bei motorischen Aktivitäten äußern.

Die intermodale Stufe

Auf der intermodalen Stufe vollzieht sich die Verknüpfung der einzelnen Sinnesmodalitäten untereinander, sodass eine koordinierte Zusammenarbeit der Sinne möglich wird. Neurologisch betrachtet verbinden sich die Nervenzellen und -bahnen im ZNS, die für den Empfang und die Weiterleitung von bestimmten Sinnesreizen (z. B. visuelle) zuständig sind, mit Nervenzellen und Nervenbahnen, die andere Sinnesreize (z. B. taktile) verarbeiten. Die Kontaktstellen bilden die sogenannten Synapsen. Es entsteht ein vielverzweigtes Netzwerk, das die Verbindungen aller Sinnesmodalitäten miteinander gewährleistet.

Die Entwicklung dieses Netzwerkes ist wesentlich abhängig von der ausreichenden Anzahl strukturierter Reize und der Eigenaktivität des Säuglings.

Da Kinder Auffälligkeiten oft geschickt kaschieren, können diese leicht übersehen werden.

Denn auch die Kontaktstellen (Synapsen) bilden sich größtenteils nicht nach Zufall, sondern in Abhängigkeit von den „natürlichen“ Erfahrungsmöglichkeiten, die ja immer „einen Sinn“ ergeben. Nur sinnvolles Material wird verwertet, regt die Gehirnentwicklung an und lässt sozusagen sinnvolle Verarbeitungswege entstehen.

Beispiele für intermodale Leistungen: Das drei Monate alte Baby dreht das Köpfchen zu einer Geräuschquelle. Es hört und bewegt den Kopf als Reaktion darauf, es sieht. Hören und Sehen verknüpfen sich zur auditiv-visuellen Wahrnehmung. Wie an diesem Beispiel deutlich wird, geschieht dies nur über die Motorik bzw. eine taktil-kinästhetische Übertragungsleistung des verarbeiteten auditiven Reizes. Die Motorik wirkt sozusagen als Bindeglied und Motor aller weiteren Entwicklungen.

Störungen auf intermodaler Stufe zeigen sich vor allem in Auffälligkeiten in den Verknüpfungen zwischen der Motorik bzw. taktil-kinästhetischen Wahrnehmung und der visuellen wie auditiven Wahrnehmung. Beispiele für visuo-motorische und auditiv-motorische

Koordinationsstörungen: Das Kind schaut selten auf die Hand, mit der es gerade eine Schablone ausmalt. Die Zielgenauigkeit der Hand, die über die visuellen Eindrücke gesteuert wird, ist daher nicht korrekt. Das Kind klatscht während eines Liedes, das es hört, in die Hände. Es kann jedoch den Rhythmus nicht einhalten.

Die seriale Stufe

Auf der serialen Stufe verbinden sich die Informationen sozusagen „geistig" zu einer Kette oder Serie. Das Kind ist erstmalig unabhängig von konkret wahrnehmbaren Reizen. Es „denkt" sich etwas aufgrund zuvor gemachter und gespeicherter Erfahrungen und/oder es handelt in geordneten Abläufen (Sequenzen). Es entwickeln sich erste Handlungsketten, Einordnungen in zeitliche Abläufe, vorausschauendes Denken und planvolles Vorgehen. Beispiel für eine seriale Leistung ist, sich etwas vorstellen zu können: Dem einjährigen Kind fällt ein Spielzeug vom Tisch auf den Boden. Es schaut sich danach um. Das bedeutet, es weiß, dass das Spielzeug existent ist, auch ohne dass es dieses mit seinen Sinnen wahrnehmen muss.

Störungen in der serialen Entwicklung äußern sich häufig in folgenden Auffälligkeiten:

- Einmal gelernte Handlungsketten werden rigide oder starr gehandhabt, d. h., sie sind nicht der jeweiligen Situation angepasst. Selbst kleine Veränderungen im Ablauf oder der Art der Ausführung erzeugen Unwillen, Angst oder Aggression. Beispiel: Die Kindergartentasche muss immer am selben Haken im Flur hängen. Sie kann nicht ausnahmsweise einmal im Gruppenraum deponiert werden, weil Handwerker im Flur arbeiten. Das Kind weint heftig und möchte die Tasche immer wieder an den Haken hängen.
- Die Reihenfolge einer Handlungskette gerät durcheinander.
- Die Handlungskette ist unvollständig, d. h., das Kind beendet einen Handlungsablauf vorzeitig, weil es nicht weiter weiß oder nicht so weit vorausgeplant hat. Es mangelt ihm an Überblick und nicht an Willen.
- Zeitliches Sprachverständnis ist mangelhaft. Kind versteht z. B. nicht, was „bald" oder „nachher" bedeuten, reagiert sehr ungeduldig oder aggressiv.
- Auditive Gedächtnisspannen sind zu kurz. (Auditive Informationen werden sequentiell geboten und geordnet und als solche auch gespeichert.)
- Die Sprachentwicklung kann auffällig sein, besonders im Satzbau (Grammatik), in der Satzlänge, dem Wortverständnis und dem Verständnis von Satzbedeutungen (Semantik).
- Das Einhalten von Regeln und das Abwartenmüssen fallen besonders schwer oder sind nur unter ständiger Anleitung eines Erwachsenen möglich.

Stufenmodell der Entwicklung der primären Wahrnehmungsprozesse nach Affolter (in Anlehnung an das Stufenmodell der Intelligenzentwicklung nach Piaget)

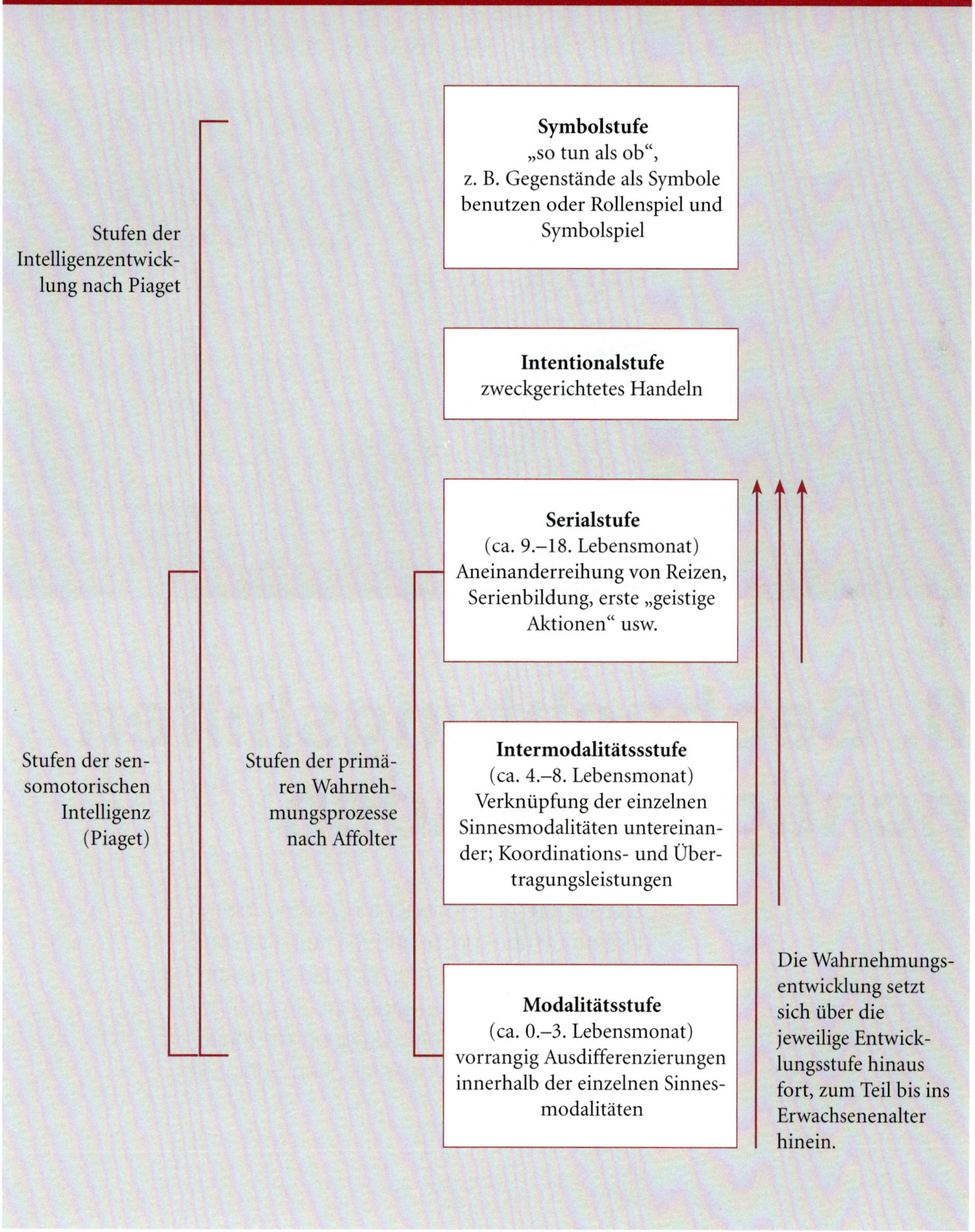

II. Beobachtungshilfen richtig anwenden

Die folgenden Beobachtungshilfen bieten Unterstützung, um auffälliges Verhalten und einen möglichen Therapiebedarf zu erkennen. Voraussetzung jedoch ist ein sachgemäßer und reflektierter Umgang mit ihnen, um keine voreiligen oder falschen Schlüsse zu ziehen.

Theoretischer Hintergrund der Beobachtungshilfen

Die Beobachtungshilfen basieren auf zwei wissenschaftlichen Theorien bzw. Modellen, die menschliche Entwicklungsverläufe und geistig-seelische Prozesse beschreiben: das entwicklungspsychobiologische Modell (vgl. hierzu Kusch 1995 und Kusch/Petermann 1993, 1995) und neuropsychologische Theorien, die auf Luria und Vygotzky zurückgehen.

Das Konzept der Entwicklungspsychobiologie

Die relativ junge Fachdisziplin der Entwicklungspsychobiologie ist bemüht, die einzelnen Forschungsergebnisse verschiedener Wissenschaftszweige (Genetik, Neurologie, Neuropsychologie, Entwicklungspsychologie, Klinische Psychologie u. a. m.) in integrativer Weise zu einem ganzheitlichen Entwicklungsmodell zusammenzufassen. Ihr liegt ein systemorientiertes, integratives Modell über Wechselwirkungen zwischen kindlicher Entwicklung und Eltern-Kind-Interaktionen als dynamischem Prozess zugrunde.

Die Entwicklungspsychobiologie analysiert den Zusammenhang zwischen Genetik, Reifung und Erfahrungen. Innerhalb dieses großen Prozesses untersucht sie die Wechselwirkungen zwischen motorischen, sensorischen, emotionalen, kognitiven und kommunikativen Funktionsbereichen. Ein Beispiel soll den Zusammenhang verschiedener Funktionsbereiche verdeutlichen:

Der vier Monate alte Kaspar wird von der Mutter als „Schreikind" beschrieben. Von Geburt an habe er viel und stundenlang geschrien. Alle Bemühungen, ihn zu beruhigen, hätten nichts oder wenig genutzt. Kaspar falle auch erst nach stundenlangem Schreien erschöpft in den Schlaf. Er wirke unruhig, gespannt und lächle selten. Beobachtungen des Kindes und der Interaktionen zwischen Mutter und Kind ergaben folgende Hypothesen: Kaspar kann vermutlich die aus den Gleichgewichts- und Hautsinnen im ZNS eintreffenden Reize nicht sinnvoll verarbeiten. Infolge der fehlverarbeiteten Reize reagiert er oft mit Angst (emotionale Reaktion) und Schreien (Verhaltensreaktion), insbesondere dann, wenn er von den Bezugspersonen hochgenommen wird, wenn also taktil-kinästhetische Sinne direkt stimuliert werden. Aber auch unabhängig davon weint er oft, da er einen Mangel an positiv erfahrbarem Körperkontakt erleidet und sich daher wenig emotional gesichert und geborgen fühlen kann. Die Befriedigung des angeborenen Wunsches nach sozialem Kontakt und emotional sichernder Bindung wird durch Auffälligkeiten in den taktil-kinästhetischen Wahrnehmungsprozessen blockiert, obgleich die Bezugspersonen in den besten Absichten und mit anhaltend liebevollen Bemühungen dieses Grundbedürfnis erfüllen möchten.

Weil Kaspar im Körperkontakt mit Bezugspersonen in einen übererregten und angstvollen Zustand gerät, ist er kaum bereit, Blickkontakt aufzunehmen oder gar zu halten. Dadurch fehlen den Bezugspersonen notwendige positive Verstärkungen für ihre liebevollen Zuwendungen. Unter Umständen sind diese so frustriert, dass sie ihre Bemühungen einschränken, das Kind nur noch selten auf den Arm nehmen oder eben lange alleine schreien lassen. Das Kind erfährt daraufhin nicht nur einen Mangel an emotionsregulierender Zuwendung, sondern auch einen Mangel an „strukturierten Reizen" im Interaktionsgeschehen, was sowohl die gesamte Wahrnehmungsentwicklung als auch andere Entwicklungsbereiche (z. B. Entwicklung von sicherer Bindung, Frustrationstoleranz, Impulskontrolle) negativ beeinflussen kann. Ganz besonders werden die kommunikativen (z. B. Lächeln) und später die sprachlichen Ausdrucksformen dadurch beeinträchtigt.

> **Dem angeborenen Wunsch nach sozialem Kontakt können ausgeprägte Wahrnehmungsstörungen im Weg stehen.**

Andere Reaktionen der Bezugspersonen auf das häufige Schreien und den mangelnden Blickkontakt des Kindes könnten in einer großen Verunsicherung hinsichtlich der Erfolglosigkeit ihrer Bemühungen bestehen. Sie geraten in seelische und körperliche Anspannung, reagieren vielleicht übermäßig wachsam auf „jeden Piep" des Kindes, fühlen sich bald gereizt und erschöpft, geraten ihrerseits ebenfalls aus dem psychischen Gleichgewicht und entwickeln zwiespältige oder ablehnende Gefühle dem Kind gegenüber. Die sich anbahnende Beziehungsstörung wäre in diesem Fall eine sekundäre Folge des gegenseitigen Wechselwirkungsprozesses. Eine Schuldzuweisung an die Eltern würde dem Sachverhalt keineswegs gerecht werden.

Das Kind seinerseits reagiert auf die Konflikte der Eltern in Beziehung zu ihm mit verstärkter emotionaler Unsicherheit, Anspannung und vermehrtem Schreien. Die eingangs beschriebenen Auffälligkeiten Kas-

pars nehmen zu. Damit einhergehend kommt es unter Umständen zu einem eingeschränkten Interesse an der dinglichen und sozialen Umwelt, d. h., Neugierde und lustvolles Betätigen sind reduziert.
Als Folge davon wiederum könnte sich die Wahrnehmungsentwicklung selbst und aufgrund dessen die sensomotorische Phase der Intelligenzentwicklung (n. Piaget) nicht altersgerecht vollziehen. Zudem sind davon möglicherweise auch die Spiel- und Sozialentwicklung in Mitleidenschaft gezogen.

Neuropsychologische Theorien
Neuropsychologische Theorien beschreiben die Funktionsweise des ZNS, besonders des Gehirns; sie stellen einen Aspekt innerhalb des übergeordneten psychobiologischen Modells dar. Ein Grundgedanke in der Neuropsychologie ist der, dass der Ablauf psychischer Funktionen an hirnorganische Prozesse gebunden ist.

Beobachtungen sind jeweils nur das, was die Beobachtenden selbst mit ihren Sinnen wahrnehmen können.

Diese sind nicht direkt, sondern nur indirekt über beobachtbares Verhalten zu erschließen.
Es ist bekannt, dass bei jeder Art von Aktivität des Organismus, ganz gleich, ob motorische oder geistige, verschiedene Hirnzentren auf verschiedenen Ebenen und in beiden Hirnhälften gleichzeitig miteinander in geordneter Weise kooperieren. So entsteht ein sinnvolles Ganzes, zum Beispiel Wahrnehmung oder Sprache. Man spricht hierbei von dem integrativen Zusammenwirken verschiedener Hirnbereiche, die sich auf bestimmte Verarbeitungsprinzipien der eintreffenden Sinnesreize spezialisiert haben.
Integrationsstörungen treten auf, wenn ein Hirnbereich oder auch mehrere Hirnzentren einen mangelhaften oder gar keinen Beitrag zur Gesamtleistung bieten. Das „Ganze“ oder auch die Teilleistung ist auffällig oder zerfällt. Das bedeutet, wenn Störungen in einem bestimmten Wahrnehmungsbereich (z. B. dem visuellen) vorhanden sind, kann sich dies auf den gesamten Wahrnehmungsbereich auswirken und wiederum auf andere Bereiche übergreifen. Ein Beispiel soll dies verdeutlichen:
Die fünfjährige Karin zeigt Auffälligkeiten in der visuellen räumlichen Wahrnehmungsfähigkeit und der visuellen Figur-Grund-Unterscheidung. Es handelt sich um zwei Teilaspekte innerhalb der visuellen Wahrnehmung, die wiederum große Bedeutung für die funktionalen Systeme „Lesen“ und „Schreiben“ oder auch „visuelle Aufmerksamkeit und Konzentration“ haben. Es ist daher zu erwarten, dass Karin in der Grundschule größere Schwierigkeiten beim Erwerb des Lesens und Schreibens wie auch in der Konzentrationsfähigkeit haben wird.

Handhabung der Beobachtungshilfen

Bei der Benutzung der Beobachtungshilfen sollten verschiedene Punkte beachtet werden, damit keine voreiligen oder falschen Schlüsse aus den Beobachtungen gezogen werden.

Allgemeine Hinweise
1) Die Beobachtungshilfen stellen eine Auswahl von verschiedenen Verhaltensweisen bzw. Tätigkeiten von Kindern im Alter von ca. 5–6 Jahren in unterschiedlichen Situationen dar, denen in typischer Weise Wahrnehmungsleistungen zugrunde liegen.
2) Wahrnehmungsleistungen, als Ergebnis eines integrativen Verarbeitungsprozesses von Informationen im ZNS, können nur indirekt über Beobachtungen des kindlichen Verhaltens erschlossen werden. Das bedeutet, von den Beobachtungen können keine direkten Rückschlüsse auf eventuelle Wahrnehmungsstörungen gezogen werden.
3) Es ist wichtig, dass die Beobachtenden auch „richtig“ beobachten können. Zum einen müssen Interpretationen von Beobachtungen unterschieden werden. Beobachtungen sind jeweils nur das, was die Beobachtenden selbst mit ihren Sinnen wahrnehmen können, also in der Hauptsache über Sehen, Hören und Spüren. Im Gegensatz dazu handelt es sich bei allem, was sie dazu denken, um Interpretationen, Hypothesen oder Meinungen. Zum anderen müssen sie wissen, „was“ man beobachten kann. Um dies zu erleichtern, wurden die Beobachtungen in den Beobachtungshilfen (Spalte 1) verschiedenen Entwicklungsbereichen wie Motorik, Körperbewusstsein, Sprache usw. zugeordnet. Beobachtende haben das äußerst schwierige Problem, mindestens vier Aufgaben gleichzeitig erfüllen zu müssen:
- Sie müssen die unzähligen Verhaltensweisen eines Kindes den verschiedenen Entwicklungsbereichen zuordnen können, um heillose Überforderungen zu vermeiden.
- Sie sollten ausreichende Kenntnisse über normale Entwick-

lungsverläufe innerhalb der einzelnen Bereiche besitzen.
- Sie sollten wissen, welche grundlegenden Wahrnehmungsleistungen für die jeweilige Tätigkeit des Kindes erforderlich sind.
- Sie sollten wissen, wie es sich äußert, wenn Wahrnehmungsstörungen vorliegen. „Wie" ein Kind etwas ausführt, ist meist aussagekräftiger als das, „was" es tut. Wir beobachten also besonders, „wie" ein Kind greift, den Stift hält, sitzt, läuft, spricht, den Ball fängt, Kontakt aufnimmt usw.

4) Es sei daran erinnert, dass Wahrnehmungsstörungen zwar einen ganz wesentlichen Teilaspekt am Zustandekommen einer Entwicklungsauffälligkeit darstellen, dass jedoch auch andere Bedingungen (z. B. Bindungsstörungen) in unterschiedlicher Gewichtung zum Gesamtbild der Auffälligkeit beitragen.
5) Die in den Beobachtungshilfen aufgeführten Interpretationen sind vorläufige Hypothesen. Diese bedürfen einer weiteren gründlichen Abklärung, die von Fachleuten vorgenommen werden und notwendigerweise interdisziplinär erfolgen sollte.
6) Die vorläufigen Interpretationen zu Wahrnehmungsstörungen beanspruchen keinesfalls Ausschließlichkeit noch Vollständigkeit im diagnostischen Prozess, wohl aber ihren gebührenden Platz in der Betrachtung auffälliger Entwicklungsverläufe.
7) Wie jedes psychodiagnostische Instrument, ganz gleich ob Beobachtungs-, Fragebögen oder Tests, bergen auch die vorliegenden Beobachtungshilfen die Gefahr einer vorschnellen und eingeschränkten Aussage über Entwicklungsstand und Ursachen von Auffälligkeiten. Eine vorsichtige Handhabung im Sinne eines grob orientierenden Instrumentes wird angeraten, im Wissen darum, dass erst nachfolgend differenzierte diagnostische Abklärungen gesicherte Aussagen zu Stand und Ursachenbündel der beobachteten Auffälligkeiten erlauben.

Spezielle Hinweise

1) Bewerten Sie keine einzelnen Auffälligkeiten als Alarmsignal. Versuchen Sie, immer nur mehrere Auffälligkeiten in einem oder verschiedenen Entwicklungsbereichen gleichzeitig und in der Auswirkung auf die Gesamtentwicklung des Kindes zu betrachten.
2) Bedenken Sie, dass innerhalb der kindlichen Entwicklung eine große intra- wie interindividuelle Streubreite bestimmter Entwicklungsmerkmale besteht. Erfahrungsgemäß erreichen Mädchen oft schneller als Jungen bestimmte „Meilensteine" der Entwicklung. Oder die Spielentwicklung eines Kindes eilt seiner Sprachentwicklung im Vergleich zu Gleichaltrigen voraus. Derartige Differenzen verweisen lediglich auf ein im Normbereich liegendes individuelles Entwicklungstempo und -muster.
3) Eine Beobachtung besitzt erst dann Aussagekraft, wenn mehrere Auffälligkeiten im gleichen Bereich (z. B. Motorik) oder in mehreren Bereichen (z. B. Motorik und Sprachentwicklung) vorhanden sind und/oder die Art und Weise der Ausführung auffällig ist. Ein Beispiel soll dies verdeutlichen: Ein Kind kann durchaus den „Pinzettengriff" als höchste Stufe des Entwicklungsablaufs der Handmotorik zeigen. Geschieht jedoch die Ausführung in starker muskulärer Verkrampfung, bedeutet das, dass zwar der „Meilenstein" Pinzettengriff erreicht ist, die Qualität der Ausführung aber auf Störungen in der Kraftdosierung hinweist. Der übermäßige Krafteinsatz wird erwartungsgemäß auch bei anderen fein- und evtl. auch grobmotorischen Aktivitäten zu beobachten sein.

Zum Umgang mit den Ergebnissen

Die folgenden Anregungen zum Umgang mit dem „Verdacht auf Auffälligkeiten in der Wahrnehmungsentwicklung" gelten für den Idealfall. In der Praxis werden sich selten alle Punkte verwirklichen lassen. Die Anregungen konzentrieren sich auf folgende Zielpersonen oder -gruppen: Eltern, Erzieherinnen bzw. Kita-Team, Kindergruppe und auf das entwicklungsauffällige Kind selbst.

Eltern

- Teilen Sie die beobachteten Auffälligkeiten mit möglichst wenigen Interpretationen den Eltern mit. Verweisen Sie, statt bereits diagnostizierend von „Wahrnehmungsstörungen" oder „Entwicklungsauffälligkeiten" zu sprechen, auf Beobachtungen des Verhaltens, die Ihnen in irgendeiner Weise auffällig erscheinen und von Spezialisten genauer abgeklärt werden sollten. In diesem Zusammenhang haben sich Beobachtungen zusammen mit den Eltern, die möglichst videogestützt sind, als sehr hilfreich erwiesen. So kann der Blick der Eltern geschärft und deren Bewertung angeregt werden.

- Sprechen Sie mit ihnen in Ruhe darüber.
- Nehmen Sie ergänzende oder im Widerspruch stehende Beobachtungen der Eltern aufmerksam wahr. Nehmen Sie die Sorgen, Fragen oder auch Entgegnungen der Eltern ernst. Es gibt weder die eine Wahrheit noch eine einzige Perspektive oder ausschließliche Ursache für ein und dieselbe Beobachtung.
- Bemühen Sie sich, Betroffenheit, Ängste, evtl. Schuldgefühle usw. der Eltern aufzufangen (von einzelnen Ausnahmen abgesehen sind Eltern meist die besten Experten für ihr Kind!), indem Sie beispielsweise „aktiv zuhören", d. h. das von den Eltern geschilderte Problem präzisiert nochmals wiedergeben und das damit verbundene Gefühl aussprechen.
- Vermeiden Sie Bagatellisierungen des Problems; ermuntern Sie dagegen die Eltern, sich von Fachleuten Gewissheit, Informationen und Hilfe einzuholen.
- Raten Sie zu einer speziellen diagnostischen Abklärung der beobachteten Auffälligkeiten. Erster Ansprechpartner ist meist der Kinderarzt oder Kinderneurologe, der wiederum in Zusammenarbeit mit Entwicklungs- oder Neuropsychologen um eine Gesamtdiagnostik bemüht ist. Weitere Spezialisten wie z. B. Logopäden, Krankengymnasten, Heilpädagogen können am diagnostischen Prozess beteiligt sein. Selbstverständlich stehen auch fachkompetente Mitarbeiter von Erziehungsberatungsstellen und in freier Praxis niedergelassene Kinder- und Jugendlichenpsychotherapeuten zur Abklärung von Entwicklungsauffälligkeiten zur Verfügung. Die jeweiligen ersten Anlaufstellen verweisen, je nach Notwendigkeit, auf weitere hoch spezialisierte Einrichtungen wie etwa Fachkliniken (z. B. HNO-Klinik) und auf Diagnostikzentren (z. B. Sozialpädiatrische Zentren an Kinderkliniken).
- Unterstützen Sie die Eltern mit Rat und Tat in deren Bemühungen um fachliche Abklärung und Hilfe. Gegebenenfalls können auf Wunsch der Eltern die wesentlichen Beobachtungen in schriftlicher Form mitgegeben oder auch telefonisch den Spezialisten mitgeteilt werden. (Selbstverständlich nur nach ausdrücklicher Genehmigung der Eltern!)
- Bemühen Sie sich nach erfolgter fachspezifischer Diagnostik um die Ergebnisse der Abklärung und die angeratenen Maßnahmen. Soweit dies nicht schon von den Eltern selbst erfolgt, fragen Sie ruhig danach. Sie bekunden damit in erster Linie Ihr Interesse am Kind. Auch können Sie mit dem besseren „Hintergrundwissen" in zukünftigen Elterngesprächen rascher erkennen, worum es eigentlich geht, und gezielter beraten.

Abgesehen von der Elternarbeit können Sie mit Kenntnis der gewonnenen Befunde Ihre eigenen Hypothesen überprüfen und gezielter geeignete pädagogische Maßnahmen einsetzen.

Pädagogische Fachkräfte bzw. Team

Besprechen Sie die Beobachtungen und Interpretationen mit Ihren Kolleginnen. Hauptsächliche Zielsetzungen dabei könnten sein:

- Das Kind in seinen Schwierigkeiten und Eigenheiten besser verstehen lernen, somit ungerechte Beurteilungen, Über- oder Unterforderungen im pädagogischen Alltag vermeiden. Damit einhergehend vollzieht sich oft eine Einstellungsänderung dem Kind gegenüber in positiver, akzeptierender Richtung.
- Die Entwicklungsauffälligkeiten in ihrer Bedeutung vor allem für Wohlbefinden und grundlegende emotionale Befindlichkeit, Selbstwertgefühl, soziale Integration, Ausdauer und Leistungsfähigkeit des Kindes reflektieren. So sollen die Auswirkungen der Auffälligkeiten für das Kind in seiner Gesamtentwicklung erfasst werden.
- Möglichst konkrete Hilfestellungen für das Kind erarbeiten, um Überforderungen, Misserfolge und als Konsequenz davon sekundäre Folgen (z. B. gereizte Stimmung, Lustlosigkeit, Verweigerungen) einzuschränken.
- Auch gemeinsam erarbeiten, wie das Kind in seinen „Schwächen", Eigenheiten, kompensatorischen Verhaltensweisen, Grenzen usw. unterstützt werden kann, sodass es sich und seine „Andersartigkeit" akzeptieren kann. Dies kann über „aktives Zuhören" bei Misserfolgen und den Aufbau alternativer Bewältigungsstrategien geschehen, aber auch über die Bestärkung eigener Lösungsversuche und geduldiges Abwar-

ten, bis das Kind (teils über mehrere Versuche hinweg) seinen eigenen Weg gefunden hat.

- Da entwicklungsauffällige Kinder oftmals besondere Aufmerksamkeit, Geduld und Fachkompetenz erfordern, ist es ratsam, sich auch Fragen folgender Art zu stellen und Lösungen dafür zu finden: Wer (aus dem Team) kommt mit dem Kind gut zurecht, kann einen guten Draht zu ihm finden? Wer hat Interesse und Freude daran, sich in besonderer Weise um die Entwicklung des Kindes zu kümmern? Wie können die Teammitglieder sich gegenseitig Unterstützung und Entlastung bieten, wenn es einmal mühsam oder nervenaufreibend werden sollte?
- Erfassen Sie ganz bewusst, welche Stärken das Kind hat und in welchen Bereichen es altersgemäß entwickelt ist, was es liebenswert macht und wie Sie insbesondere seine Kompetenzen stärken können. Damit soll ein wesentlicher Beitrag zur gegenwärtig anerkannten Forderung geleistet werden: weg von der rein defizitorientierten (die Schwächen betreffenden) hin zur ressourcenorientierten (die positiven Quellen, Stärken betreffenden) Diagnostik und Förderung oder Therapie. Gerade mit den Stärken lässt sich bestens arbeiten.

Kindergruppe

- Achten Sie besonders auf die soziale Integration der auffälligen Kinder in die Gruppe. Sie bieten mit ihren Eigenheiten und „Schwächen" oft den anderen Kindern Anlass, sie auszulachen, zu beschimpfen, zu kritisieren, zu bevormunden oder zu schikanieren, sie vom Spiel auszuschließen oder auch einfach zu „vergessen" u. a. m. Ihre Beobachtungen können Ihnen helfen, rechtzeitig einzuschreiten und ausgleichend einzuwirken oder solches Verhalten schon im Vorfeld zu verhindern. Weitere ausgleichende pädagogische Maßnahmen könnten sein, die Stärken, Interessen und auch akzeptablen Kompensationen des Kindes offenkundig zu bestärken oder auch als ganz besondere Fähigkeiten darzustellen, die eventuell sogar für die Gruppe nutzbar sind.
- Das entwicklungsauffällige Kind soll gerade in seinen unauffälligen und starken Anteilen für die anderen Kinder wahrnehmbar sein.

Entwicklungsauffälliges Kind

Neben den bisherigen Anregungen, die alle direkt oder indirekt zur Entwicklungsförderung beitragen, möchte ich hier ganz besonders grundlegende pädagogische Ziele – im Gegensatz zu speziellen Förder- und Therapiemaßnahmen – anführen. Wichtigste Ziele im Umgang mit dem entwicklungsauffälligen Kind sind:

- seine Lebensfreude erhalten oder wiedergewinnen lassen
- den Spaß am Erkunden seiner Umwelt und seines Körpers erhalten oder ermöglichen
- Freude an Spiel, Bewegung und Betätigung, auch „Korrekturen" oder „bewusstes Lernen" geschehen lassen
- Über- und Unterforderungen wie auch Bestrafungen möglichst vermeiden
- die kindliche Neugierde wecken oder bestärken, möglichst vielfältige Anleitung und viele Gelegenheiten zum Entdecken und Erkunden der Welt bieten, dabei immer wieder durch gezielte Hinweise die Aufmerksamkeit auf bestimmte Aspekte lenken
- den Mut zur Bewältigung von Anforderungen und das Vertrauen in sich selbst und andere Menschen bestätigen oder von Neuem wachsen lassen
- die Selbstakzeptanz, das Gefühl des Kindes von Wertsein und Geliebtsein, „so wie es ist", bestärken oder aufbauen.

Die Verwirklichung der grundlegenden pädagogischen Ziele bietet erst die absolut notwendige, positive emotionale und motivationale Basis für jeglichen echten (im Gegensatz zum antrainierten und nicht übertragbaren) Entwicklungsfortschritt. Sie sind mindestens ebenso bedeutsam wie die speziellen Förder- oder Therapiemaßnahmen, die aus der Diagnostik abgeleitet und sinnvollerweise vor diesem Hintergrund zusätzlich durchgeführt werden.
Selbstverständlich können und sollen Erzieherinnen in Kindergarten und Kita spezielle Förder- und Therapiemaßnahmen nicht übernehmen. Dies muss den dafür ausgebildeten Fachkräften (z. B. Physiotherapeut, Ergotherapeut, Logopäde, Heilpädagoge, Psychologe) überlassen bleiben. Die Erzieherinnen kümmern sich mehr – in notwendiger Ergänzung der Spezialisten – um die oben erwähnten pädagogischen Ziele und eine gezielte fachkompetente Unterstützung des Entwicklungsprozesses (vgl. hierzu auch Kapitel IV „Wahrnehmungsprozesse im Alltag anregen").

III. Beobachtungshilfen zu Wahrnehmungsbereichen

1. Taktil-kinästhetische Wahrnehmung und Motorik

Motorik und Sinneswahrnehmung bedingen sich gegenseitig und bilden die Grundlage für alle Entwicklungsprozesse, sodass Störungen in diesen Bereichen sich vor allem auf das Sozialverhalten, Sprechen, Denken und Lernen auswirken können.

Es gibt keinen Entwicklungsprozess, an dem Wahrnehmung und Motorik nicht beteiligt wären: Motorische Entwicklung und Wahrnehmungsentwicklung sind zeitlebens untrennbar miteinander verknüpft. Die Informationen aus Hautsinn, Gleichgewichtssinnen, Muskel- und Stellungssinn stellen in ihrer integrativen Zusammenarbeit die sogenannte taktil-kinästhetische Wahrnehmung dar und bilden die Basis für die Motorik. Umgekehrt ist Sinneswahrnehmung ohne Bewegung (der Sinnesorgane) nicht möglich. Für höhere motorische Leistungen ist das Zusammenspiel zwischen Motorik und Gesichtssinn (= visuo-motorische Koordination) und Motorik und Gehörsinn (= auditiv-motorische Koordination) erforderlich. Wenn im Folgenden also von „Motorik" die Rede ist, ist gleichzeitig die „Wahrnehmung" als sinnvoller Verarbeitungsprozess aller Sinnesinformationen eingeschlossen. Die Qualität der Bewegungsmuster wird wesentlich von diesem Verarbeitungsprozess beeinflusst.
Wahrnehmung und Motorik bedingen von Anfang an die emotionale Entwicklung, das Sozialverhalten, das Denken und Lernen, die Gedächtnis- und Intelligenzentwicklung, die Spielentwicklung; sie ermöglichen das Verstehen von Sprache und das Sprechen. Sogar sogenannte Reifungsprozesse, die genetisch programmiert sind, wie das Knochenwachstum oder die Gehirnreifung, werden im Wesentlichen durch Eigenbewegungen in Gang gesetzt und ausdifferenziert. Ist ein Kind in seinen Bewegungsmustern auffällig, kann die Ursache primär in einer gestörten Verarbeitung der Sinnesreize (sog. sensorische Integrationsstörung) liegen, in einer Schädigung motorischer Gehirnzentren bzw. Nervenbahnen oder in einer nicht altersgerechten Hemmung (bzw. Integration) frühkindlicher Reflexe und nicht zuletzt auch in Erkrankungen des Muskel- und Skelettsystems. Im Endeffekt zeigt sich uns ein Kind, das bewegungsauffällig ist und erhebliche Probleme im Umgang mit dem eigenen Körper sowie der sozialen und dinglichen Umwelt hat und besonderer Hilfestellungen bedarf.
Die Aufteilung der Motorik in Teilbereiche geschieht aus Gründen der Übersichtlichkeit. In der Realität sind sie nicht eindeutig voneinander abgehoben und greifen stark ineinander.

Hautsinn, Muskelsinn und Gleichgewichtssinne (taktil-kinästhetische Wahrnehmung)

Situation / Tätigkeit des Kindes	Beobachtungen (Wie tut es das Kind? Wie verhält es sich?)	Interpretationen (Hinweise auf Störungen in ...)
Ein anderes Kind an der Hand halten (müssen) beim Spaziergang, im Kreisspiel usw.	— Hand des anderen Kindes wird nur wenige Sekunden gehalten, dann losgelassen. — Hand des anderen Kindes wird nur auf eine ganz bestimmte, ungewöhnliche Weise gehalten. Wird dies vom anderen Kind nicht toleriert, kommt es zum Kontaktabbruch oder zu heftiger, teils aggressiver Selbstbehauptung oder zum Gefühl von Zurückgewiesen- und Abgelehntsein.	— Hautsinn: meidet Hautkontakt — Hautsinn: toleriert Hautkontakt nur auf bestimmte Weise, die es selbst vorgibt
Mit Fingerfarben malen	— Kind achtet darauf, dass nur die äußerste Fingerspitze meist nur eines Fingers mit der Farbe in Berührung kommt. — Mimik, die auf Ekel oder sehr unangenehme Gefühle schließen lässt — Muss sogleich nach jedem Strich die Finger abwischen oder unbedingt mit Wasser waschen	— Hautsinn: ist überempfindlich und/oder — Muskelsinn: „Weiche" Materialien, die nachgeben (z. B. auch Knetmasse), geben keine klaren Informationen und machen unsicher.
Kind wird von hinten oder der Seite (kann es also nicht sehen) berührt oder angestoßen	— Schreit das andere Kind sofort an oder — beschimpft es oder — schlägt es. — Reagiert verunsichert, ängstlich, zieht sich vom anderen Kind zurück	— Hautsinn und Muskelsinn: kann schlecht lokalisieren, wo es berührt wurde, bekommt daher Angst

Situation / Tätigkeit des Kindes	Beobachtungen (Wie tut es das Kind? Wie verhält es sich?)	Interpretationen (Hinweise auf Störungen in ...)
Spazierengehen auf unebenem Gelände (Wiese, Waldwege) oder auf abschüssigem Gelände	— Kind muss sich an der Hand der Erzieherin festhalten, damit es einigermaßen angstfrei ist. — Kind geht betont langsam und vorsichtig, muss verstärkt mit Armen ausbalancieren. — Kind weigert sich mitzugehen, möchte im Gruppenraum bleiben.	Muskel- und Stellungssinn und Gleichgewichtssinne: — Zu geringe Muskelspannung und/oder — Störungen in der Gleichgewichtsregulation
Handmotorik / Hand-Hand-Koordination / Auge-Hand-Koordination		
Mit Knetmasse kneten	— Kind kann keine Rolle formen, Knetmasse wird immer platt gedrückt, wenn es rollen will.	— Zu hoher Krafteinsatz und/oder — das Bewegungsmuster an sich und die motorische Planung misslingen (evtl. Hinweis auf Dyspraxie, s. S. 27).
	— Arbeitet vorwiegend mit einer Hand	— Hand-Hand-Koordination ist nicht hinreichend aufgebaut.
	— Kann keine Kugel formen, Knetklumpen wird nicht genügend gedrückt; die Rollbewegung der Hand jedoch gelingt	— Zu geringer Krafteinsatz
Nagel mit dem Hammer in Holz einschlagen	— Die Hand, die den Nagel hält, „wackelt" mit der Hammerbewegung der 2. Hand mit. — Die Hand, die den Nagel halten soll, lässt in dem Moment los, in dem die 2. Hand mit dem Hämmern beginnen will oder eben gerade wenige Schläge ausgeführt hat.	— Mitbewegungen (als Folge pathologischer Reflextätigkeit) — Hand-Hand-Koordination misslingt.
	— Der Hammer trifft den Nagel selten oder nicht.	— Auge-Hand-Koordination misslingt. — Zu geringer Krafteinsatz und/oder — Bewegungssteuerung der Hand misslingt.
Mundmotorik		
Mit Strohhalm Flüssigkeit aufsaugen	— Strohhalm wird nicht mit den Lippen, sondern mit den Zähnen festgehalten.	— Mundschluss ist nicht möglich. — Der Krafteinsatz der Lippen ist zu gering, sodass das Röhrchen herausfallen würde. — Der Krafteinsatz der Lippen ist zu hoch, sodass das Röhrchen zerdrückt würde. — Die Rückmeldungen aus Haut- und Muskelsinn der Lippen sind zu ungenau, um zu spüren, welcher Krafteinsatz nötig wäre.
	— Flüssigkeit kann nicht aufgesaugt werden.	— Die Koordination von Lippen, Zunge, Kiefer, Wangen- und Brustmuskulatur u. a. gelingt nicht. — Krafteinsatz beim Ansaugen ist zu gering.
	— Kind bläst/blubbert, statt zu saugen.	— Die Bewegungsrichtung ist noch nicht erfasst oder nicht übertragbar in die Motorik.
Eis am Stiel oder Eis aus der Eistüte schlecken	— Eiskugeln werden mit der Zunge von der Waffeltüte gestoßen.	— Zungenbeweglichkeit ist eingeschränkt (sensorische oder motorische Auffälligkeit).

Situation / Tätigkeit des Kindes	Beobachtungen (Wie tut es das Kind? Wie verhält es sich?)	Interpretationen (Hinweise auf Störungen in ...)
	— Zunge kann nicht weit genug nach außen gestreckt werden, sodass das Eis mehr mit den Lippen aufgenommen werden muss.	— Zungenbeweglichkeit ist eingeschränkt (sensorische oder motorische Auffälligkeit; evt. ist das Zungenbändchen zu kurz, was vom Zahnarzt abgeklärt werden kann).
Sprechen	— Kind spricht verwaschen. — Kind spricht bei 2 aufeinanderfolgenden Konsonanten nur einen aus, z. B. statt „Schnauze“ sagt es „Nauze“. — Die Zischlaute werden nicht korrekt artikuliert.	— Mundmotorik undifferenziert — Mundmotorik noch nicht hinreichend differenziert (alters- und übungsabhängig)
Mundschluss	— Kind hält Mund die meiste Zeit geöffnet oder kann Mund gar nicht schließen.	— Taktil-kinästhetische Störungen: schlaffe Muskelspannung in Lippen und Wangen — Organische und/oder neurologische Auffälligkeit: Nasenatmung ist nicht möglich infolge ständiger Infekte, Polypen, starke Krümmung der Nasenscheidewand, schwerwiegende Missbildungen des Kiefers o. a. organische Ursachen. Diese müssen unbedingt fachärztlich abgeklärt werden!
	— Mund ist die meiste Zeit geöffnet und Zunge kommt immer wieder hervor.	— Pathologischer Zungenreflex oder schlaffer Muskeltonus
Augenmotorik und Überkreuzen der körpereigenen Mittellinie		
Basteln oder malen	— Kind arbeitet/malt bevorzugt auf der einen Blatthälfte, überkreuzt also die körpereigene Mittellinie nicht (weder mit Händen noch mit Augen; bitte genau beobachten). — Oberkörper und Kopf werden stark gedreht, um die mangelnde Augenbeweglichkeit auszugleichen.	— Augenmotorik: Körpereigene Mittellinie ist nicht überkreuzbar. — Überkreuzen der Mittellinie mit Armen und Händen ist erschwert oder unmöglich (= Hinweis auf mangelnde Integration frühkindlicher Reflexe).
Luftballons auffangen, z. B. in der Rhythmik- oder Turnstunde	— Das Auffangen misslingt, weil die Augen die Bewegung des Luftballons nicht kontinuierlich verfolgen können. Die Augen bleiben einen Moment stehen, bevor sie sich ruckartig weiterbewegen, oder springen zwischendurch immer wieder zurück.	— Augenmotilität[1]: Kontinuierliches Verfolgen von bewegten Gegenständen ist schlecht oder nicht möglich. — Die Auge-Hand-Koordination ist unzureichend.
Lateralität[2]		
Auf einem Bein hüpfen	— Das Kind kann weniger als 4 Hüpfer ausführen. — Es kann die Richtung beim Hüpfen nicht einhalten.	— Lateralität ist noch nicht voll erreicht oder die Zusammenarbeit der linken und rechten Gehirnhälfte ist unzureichend und/oder — Störungen der Gleichgewichtsregulation und/oder

[1] Augenmotilität beschreibt die durch die äußere Augenmuskulatur hervorgerufenen Bewegungen des Augapfels in verschiedene Richtungen, wobei beim Menschen eine Verknüpfung der Bewegungen beider Augäpfel besteht. Augenbewegungen sind in der Regel willkürlich gesteuert, können aber auch reflexhaft oder durch neurologische Erkrankungen auftreten.

[2] Der Begriff gibt an, inwieweit sich die integrative Zusammenarbeit der beiden Körperhälften vollzogen hat; erkennbar beispielsweise an der Fähigkeit, die körpereigene Mittellinie mit Händen und Augen überkreuzen zu können. Häufig wird er auch zur Beschreibung der Seitendominanz verwendet.

Situation / Tätigkeit des Kindes	Beobachtungen (Wie tut es das Kind? Wie verhält es sich?)	Interpretationen (Hinweise auf Störungen in ...)
	— Es muss mit den Armen sehr stark ausbalancieren, um nicht zu fallen. — Es kann überhaupt nicht auf einem Bein vorwärts hüpfen. — Es hüpft, fällt aber zu Boden.	— Störungen in der Regulation des Muskeltonus.
Bilder malen	— In den Zeichnungen sind keine Schrägen oder Diagonalen (z. B. Hausdach, Zaun, Zickzacklinie) zu erkennen. — Es fehlen überkreuzte Linien (z. B. Fensterkreuz); Kreuzchen (x) sind nur als + dargestellt.	— Lateralität: Überkreuzen der körpereigenen Mittellinie ist erschwert oder gar nicht möglich und damit auch nicht in der bildhaften Übertragung (= Hinweis auf mangelnde Integration frühkindlicher Reflexe).
Seitendominanz[1]		
Malen, schneiden, hämmern, stecken, Löffel/Gabel halten usw.	— Kind nimmt noch beide Hände; keine Bevorzugung erkennbar. — Kind nimmt öfter rechte oder linke Hand; aber keine eindeutige Dominanz erkennbar.	— Seitendominanz noch nicht altersgerecht entwickelt — Evtl. auch Schwierigkeiten beim Überkreuzen der körpereigenen Mittellinie
Körperkoordination (integrative Zusammenarbeit unterschiedlicher Muskelgruppen bei einer komplexen Tätigkeit)		
Schaukeln auf üblicher Hängeschaukel im Freien	— Kind kann die Schaukelbewegung nicht selbst in Gang halten; bleibt „ruhig" sitzen, ohne die Bewegung vorantreiben zu wollen. — Kind möchte selbsttätig schaukeln, bewegt Beine und Oberkörper aber so unkoordiniert, dass Bewegungsfluss abgestoppt wird und Schaukel zum Stehen kommt. — Kind bewegt zwar Oberkörper richtig im Schaukelrhythmus, „vergisst" aber die Beine, d. h., es lässt sie einfach hängen.	— Körperkoordination: schlechte Integration von oberen Extremitäten (Armen) und unteren Extremitäten (Beinen) sowie Oberkörper
Ball zuwerfen	— Ball geht nicht in die Richtung des Zieles (weit seitlich oder gar nach hinten über den eigenen Kopf).	— Visuo-motorische Koordination misslingt und/oder — Bewegungsplanung misslingt.
Ball auffangen	— Kind fängt Ball erst, wenn er bereits auf den Körper aufgetroffen ist, meist mit überkreuzten Armen, also mehr mit Armen als mit den Händen.	— Visuo-motorische Koordination misslingt, und/oder — Bewegungsplanung misslingt.
Mit Schere vorgegebene Form aus Tonkarton ausschneiden	— Während die eine Hand mit der Schere schneidet, bewegt sich die Hand, die den Karton hält, immer wieder mit. — Die Haltehand hält den Karton mit zu wenig Kraft, sodass er immer wieder entgleitet.	Körperkoordination: — Mitbewegen der kontralateralen Seite — Kraftdosierung misslingt.

[1] Der Begriff umschreibt die unterschiedlichen qualitativen und quantitativen Leistungen der beiden Körperhälften auf Grundlage der entwickelten Dominanz einer der beiden Gehirnhälften.

Situation / Tätigkeit des Kindes	Beobachtungen (Wie tut es das Kind? Wie verhält es sich?)	Interpretationen (Hinweise auf Störungen in ...)
	— Die Schere kippt mal nach rechts, mal nach links („wackelt"). — Die Schneidebewegung (das rhythmische Auf und Zu der Schere) verläuft stockend.	— Handmotorik, insbesondere Muskelspannung, nicht adäquat — Muskelspannung im Wechsel von An- und Entspannung nicht adäquat (d. h., die Automatisierung dieses Bewegungsmusters ist nicht vorhanden)
Getränk aus der Flasche in ein Glas eingießen	— Kind kann in das Glas eingießen, jedoch die Kippbewegung der Flasche nicht rechtzeitig abstoppen, sodass das Glas überläuft. — Der Flaschenhals muss grundsätzlich auf dem Glasrand abgestützt werden, damit nichts verschüttet wird. — Flüssigkeit wird meist danebengeschüttet; das Kind bemerkt den Irrtum erst, nachdem es die Flüssigkeit auf dem Tisch wahrnimmt.	Auge-Hand-Koordination: — Störung in der Steuerung durch die visuelle Information — Augen können die Handmotorik nicht fein genug steuern und/oder — Probleme in der Kraftdosierung. — Augen können Handmotorik nicht fein genug steuern. (Abklären lassen, ob evtl. eine Sehbehinderung vorliegt.)
Automatisierung von Bewegungsmustern		
Treppen hochsteigen	— Hält sich mit einer Hand am Treppengeländer fest (normal), stellt jedoch den zweiten Fuß immer nach (geht im Nachstellschritt und nicht alternierend)	— Automatisierung des Bewegungsmusters „Treppensteigen" ist nicht ausgebildet und/oder — Probleme in der Gleichgewichtsregulation
Hüpfen mit beiden Beinen auf der Stelle	— Kein rhythmischer Bewegungsfluss, da das Kind nach dem Aufsprung immer wieder den Absprung neu einleiten muss	— Automatisierung des Bewegungsmusters „Hüpfen" ist nicht aufgebaut.
Den Schraubverschluss einer Flasche oder Dose öffnen oder schließen	— Die Drehbewegung geht nicht zielgerichtet in eine Richtung. — Das Loslassen des Deckels und Umsetzen der Hand gelingt nicht flüssig oder gar nicht.	— Automatisierung des Bewegungsmusters „Auf- oder Zudrehen" gelingt nicht.
Pedale treten	— Stockungen im Bewegungsfluss oder — mit beiden Beinen wird gleichzeitig zu treten versucht.	— Automatisierung des Bewegungsmusters „Pedale treten" ist nicht vollzogen.
In die Hände klatschen ca. 10–20 Sek. lang	— Stockungen im Bewegungsfluss	— Automatisierung des Bewegungsmusters „In die Hände klatschen" ist nicht vollzogen. (Beim Klatschen zu Musik ist zusätzlich auditiv-motorische Koordination gefordert.)
Mit Schere schneiden	— Die Auf- und Zubewegung geschieht stockend. — Zusätzlich kippelt die Hand, die die Schere hält, teils fällt sie sogar aus der Hand.	— Automatisierung des Bewegungsmusters „Schneiden" ist noch nicht vollzogen, d. h. der rasche, flüssige Wechsel der Bewegungsrichtung ist noch nicht möglich. — Kraftdosierung misslingt.

III. Beobachtungshilfen zu Wahrnehmungsbereichen

2. Körperbewusstsein und Praxie

Bewegungserfahrungen, kommunikative, geistige sowie emotionale Prozesse und Entwicklungen prägen das Körperbewusstsein und die Fähigkeit, zielgerichtet und zweckmäßig zu handeln.

Körperbewusstsein wird hier im Sinne von M. Frostig (1973) gebraucht und umfasst drei Funktionen: die Körperimago, das Körperschema und den Körperbegriff. Das Körperbewusstsein entwickelt sich auf der Grundlage der sensorischen und motorischen Funktionen. Vor allem spielt die integrative Zusammenarbeit von Hautsinn, Gleichgewichtssinnen, Muskel- und Stellungssinn eine große Rolle. Des Weiteren ist das Körperbewusstsein abhängig von geistigen und kommunikativen Prozessen, von der emotionalen und sozialen Entwicklung. Ein unvollständiges Körperbewusstsein kann als Folge von Störungen eines oder mehrerer der genannten Bedingungsfaktoren auftreten.

Körperimago
Unter Körperimago versteht man „die Summe aller auf den Körper bezogenen Empfindungen" (Frostig 1973, S. 45). Die Kinder zeichnen oder beschreiben ihren Körper so, wie sie ihn gerade empfinden. Alle Erfahrungen, die sie mit und an ihrem Körper gemacht haben, die augenblicklichen Stimmungen und die Erfahrung, wie andere Menschen über ihn reden und mit ihm umgehen, prägen die Imago (= Bild) vom eigenen Körper. Störungen in der Körperimago sind zurückzuführen auf:

- schwerwiegende frühe negative soziale Erfahrungen und/oder
- schwerwiegende Deprivation (z. B. durch langen Klinikaufenthalt nach der Geburt) und/oder
- eine Störung der sensorischen Verarbeitungsprozesse und/oder
- eine leichte Hirnschädigung und/oder
- eine psychotische Persönlichkeitsentwicklung und/oder
- Drogeneinwirkungen (Rauschgift, Alkohol, Psychopharmaka).

Körperschema
Unter Körperschema versteht man „die mehr oder weniger automatische Anpassung von Teilen des Skelettsystems und die Spannung und Entspannung der Muskeln, die man benötigt, um eine Körperhaltung beizubehalten, sich ohne Hinfallen bewegen und Gegenstände in sinnvoller Weise manipulieren zu können" (Frostig 1973, S. 47). Körperschema und Körperimago sind voneinander abhängig und in Wirklichkeit nur schwer zu trennen. Liegen Störungen im Körperschema vor, ist meist auch die Körperkoordination betroffen. Störungen im Körperschema sind Folge von:

- mehr oder weniger schweren neurologischen Störungen, also z. B. pathologischer Reflextätigkeit oder Muskelerkrankungen;
- Störungen in den taktil-kinästhetischen Verarbeitungsprozessen, wobei die Gleichgewichtsfunktionen eine Hauptrolle spielen.

Körperbegriff
Der Körperbegriff „bezieht sich auf die faktische Kenntnis des Körpers, auf die Kenntnis, dass der Mensch zwei Augen hat, zwei Schultern, die die Arme mit dem Körper verbinden, zwei Beine usw." (Frostig 1973, S. 49). Er entwickelt sich in Abhängigkeit vom Lernangebot, also den Informationen und deren Verarbeitung über Anzahl und Vorhandensein sichtbarer und unsichtbarer Körperteile und deren Funktionen, z. B. dass es ein Herz gibt, das Blut in den Körper pumpt.

Praxie und Dyspraxie
Praxie bezeichnet die Fähigkeit, zielgerichtet und zweckmäßig zu handeln. Ein dyspraktisches Kind stellt sich, vereinfacht ausgedrückt, unpraktisch an. In vielen Fällen erscheint die Dyspraxie ohne jegliche Körperkoordinationsstörung. Sie ist also keine Bewegungsstörung an sich, sondern vielmehr eine kognitive Störung hinsichtlich des planvollen Vorstellens, des Speicherns und Abrufens von Bewegungsmustern und Bewegungsabfolgen. „Dyspraktische Kinder fallen durch ihre Unsicherheit, Unentschlossenheit, Unselbstständigkeit und Hilflosigkeit in neuen motorischen Lernsituationen auf. Trotz guter Begriffsfähigkeit packen sie die Bewegungsaufgabe irgendwie falsch an, zäumen das Pferd von hinten auf. Und sie halten immer wieder verwirrt inne, um nachzudenken, wie es weitergehen soll" (Kiphard 1988, S. 132).

Dyspraxie ist keine Bewegungsstörung an sich, sondern eine kognitive Störung, die das Planen, Speichern und Abrufen von Bewegungsmustern betrifft.

Die Fähigkeit zu zielgerichtetem und zweckmäßigem Handeln entwickelt sich aufgrund der Bewegungserfahrungen (taktil-kinästhetische Erfahrungen des eigenen Körpers, Informationen aus der Umwelt über den Haut-, Gehör- und Gesichtssinn). Diese müssen gespeichert (Bewegungsgedächtnis) und bei gegebener Aufgabenstellung wieder abgerufen werden. Das Erinnerungsvermögen erst erlaubt das Sich-Vorstellen-Können, wie etwas ausgeführt werden kann. Dyspraktische Kinder leiden im Extremfall an einem Mangel an Körperwahrnehmung, -gefühl, -kenntnis, Bewegungsgedächtnis und letztlich an Körperpraxis (Fähigkeit, seinen Körper zweckmäßig einzusetzen).

Situation / Tätigkeit des Kindes	Beobachtungen (Wie tut es das Kind? Wie verhält es sich?)	Interpretationen (Hinweise auf Störungen in ...)
Körperimago		
Zeichnen von Menschenfiguren wie z. B. Clown, Männchen, Fee, Zwerg	— Es fehlen immer oder sehr häufig ganz wesentliche Körperteile wie z. B. Hände, Augen, Bauch/Leib. — Die Hände werden undifferenziert als Fäuste ohne Finger gemalt. — Anzahl der Finger stimmt nicht. — Körperteile sind falsch angeordnet, z. B. Kopf im Bauch, Beine am Kopf, Arme an Beinen, Ohren am Bauch.	Störungen der Körperimago: — Sensorische und/oder motorische Funktionsstörungen und/oder — seelische Entwicklungsstörung. — Störung der Körperimago und/oder des Körperbegriffs
Kind erzählt von sich oder gibt Beschreibungen seines Körpers.	Aussagen wie z. B.: — „Mein Kopf passt in winzige Ritzen." — „Mein Körper ist so lang wie eine Schlange." — „In meine Hände passen auf einmal alle Steine der Welt." — „Ich bin furchtbar hässlich." — „In meinem Gehirn funken tausend Marsmenschen."	— Störungen der Körperimago als Ausdruck einer verzerrten Selbstwahrnehmung — Evtl. schwerwiegende seelische Entwicklungsstörung
Körperschema		
Kind soll Tierbewegungen nachahmen: Hüpfen wie ein Frosch, Hopsen wie ein Hase, Springen wie ein Pferd usw.	— Der typische Bewegungsablauf des Tieres ist nicht nachvollziehbar, das Kind bewegt sich zwar, aber eben nicht wie das Tier. — Kind muss erst lange Zeit den anderen Kindern zuschauen, wie die das tun, bevor es selbst die Bewegungsart nachmachen kann.	— Störungen im Körperschema und/oder Dyspraxie, wenn es sich das Bewegungsmuster entweder nicht vorstellen oder dieses nicht in die Motorik übertragen kann.
Hampelmannsprung soll nachgeahmt werden.	— Arme und Beine können nicht gleichzeitig in ihren Positionen verändert werden oder — das Kind hüpft erst, nachdem es die Beine und Arme in ihrer Position verändert hat; es kann also nicht gleichzeitig hüpfen und Arme und Beine richtig verändern.	— Körperschemastörung — Körperschemastörung: Kind kann vermutlich nicht automatisch sein Gleichgewicht regulieren, wenn es sich so sehr auf Arme und Beine konzentrieren muss.
Im Bewegungsspiel oder beim Malen muss die körpereigene Mittellinie überkreuzt werden.	— Kreuzt überhaupt nicht oder — kreuzt nur mit einem Arm oder — kreuzt zeitlich stark verzögert, muss also entweder lange zusehen oder lange nachdenken, wie das geht. — Wechselt beim Malen die Hand oder — zeichnet einfach nicht über die Blattmitte hinweg.	— Störung im Körperschema: Überkreuzen der körpereigenen Mittellinie misslingt.
Kind soll rückwärtsgehen. Auf ein Zeichen hin soll das Kind die Richtung wechseln.	— Kind bleibt stehen oder es geht vorwärts oder seitlich nach vorne. — Kind geht vorwärts, kann aber nicht umschalten auf rückwärts oder — der Richtungswechsel geht nur stockend und zeitlich verzögert.	— Störung im Körperschema: Die Orientierung im Raum gelingt nicht. (Vor- und Rückwärtsgehen sind Voraussetzungen für Vor- und Rückwärtszählen, Addieren und Subtrahieren.)

Situation / Tätigkeit des Kindes	Beobachtungen (Wie tut es das Kind? Wie verhält es sich?)	Interpretationen (Hinweise auf Störungen in ...)
Auf allen vieren gehen (z. B. wie ein Hund)	— Kind kann nicht gleichzeitig rechtes Bein und linken Arm vorsetzen, sondern jeweils nur rechtes Bein und rechten Arm oder linkes Bein und linken Arm (seitengleicher Schritt).	— Körperschemastörung: Seitenüberkreuzte Bewegungsmuster misslingen.
Kind erhält die Aufforderung: „Leg das Buch neben dich!“ Aufforderung: „Stell dich hinter deine Freundin!“	— Kind fragt: „Wohin? Da vorne?“ — Kind legt Buch vor oder hinter sich. — Kind stellt sich vor oder neben die Freundin.	— Körperschemastörung: Sprachliche Begriffe, die räumliche Beziehungen angeben, sind nicht erfassbar. (Oder das Kind kann nur ganz wenige und einfache Begriffe verstehen.)
Ankleiden: Schuhe, Hose, Strumpfhose, Pullover usw.	— Kind verwechselt rechte und linke Seite. — Kind vertauscht vorne und hinten.	— Körperschemastörung, evtl. auch Dyspraxie — Möglicherweise auch Erfahrungsmangel (zu wenig Anleitung oder überfürsorgliches Erziehungsverhalten)
Körperbegriff		
Erzieherin fragt nach Anzahl von Körperteilen: „Wie viele Augen/Hände/Nasen/Finger hat der Mensch?“	— Kind kann alle Körperteile, die ein- oder zweifach vorhanden sind, richtig aufzählen. Jedoch stimmt die Anzahl der Finger und Zehen nicht. — Kind ist sich sehr unsicher, sagt im Versuch-Irrtum-Verfahren „eins“ oder „zwei“ oder „viele“ usw.	— Körperbegriff ist unvollständig. — Körperbegriff ist mangelhaft oder nicht vorhanden.
Erzieherin berührt Körperteil an Kind oder Puppe, Kind soll diesen benennen.	— Kind benennt wesentliche Körperteile richtig, z. B. Kopf, Bauch, Rücken, Bein, Hand, Arm. Benennt andere aber falsch und bezeichnet z. B. die Schulter mit „Rücken“, den Oberschenkel mit „Knie“, die Augenbrauen mit „Auge“ oder „Augenlid“, das Genick mit „Hals“.	— Körperbegriff ist unvollständig. (Starke Alters- und Lernabhängigkeit ist hier zu beachten!)
Körperbegriff		
Erzieherin lädt das Kind ein, bei einem neuen Bewegungsspiel mitzumachen.	— Kind sieht von fern zu. Es sagt: „Ich habe keine Lust.“ — Kind verweigert die Teilnahme mit Sätzen wie z. B.: „Das kann ich nicht“, „Das ist ja langweilig“.	— Dyspraxie; speziell: Mangel an Motivation aus Unsicherheit darüber, wie es seinen Körper zur Erfüllung der Aufgabe einsetzen soll und/oder aus Angst vor Versagen
Kind liegt auf dem Rollbrett und soll sich mit den Händen abstoßend vorwärts bewegen. Das Kind sieht zu, wie es die anderen Kinder machen.	— Kind liegt „unmöglich“ auf dem Rollbrett, indem es sich z. B. mehr mit den Armen als mit dem Oberkörper auf dem Brett aufstützt, während der Rest des Körpers auf dem Boden schleift. Eine Fortbewegung ist nicht möglich.	— Dyspraxie: Der Körper kann sich nicht an das Rollbrett anpassen bzw. nicht zweckmäßig benutzt werden. Trotz Zusehens bei den anderen Kindern weiß das Kind nicht, wie es die Körperlage verändern muss, damit das Ziel erreicht wird. Handlungsausführung misslingt.

3. Entwicklung des kindlichen Spiels

Spielen ist eine angeborene Grundfähigkeit des Menschen, das zeigt sich bereits am Spielverhalten von Säuglingen. Auffälligkeiten in der Spielentwicklung sollten genau beobachtet und ernst genommen werden.

Neuropsychologische Voraussetzungen der Spielentwicklung

Als wesentliche neuropsychologische Voraussetzungen für die Spielentwicklung gelten Wahrnehmung, Motorik und Körperbewusstsein – drei Faktoren, die sich von Beginn des Lebens an untrennbar verknüpfen. Die mimischen Nachahmungsleistungen Neugeborener zeugen beispielsweise von höchst komplexen integrativen Leistungen dieser drei Komponenten: Das Neugeborene muss

1. das Gesicht der Betreuungsperson sehen und wahrnehmen,
2. das Gesicht und seine Teile als solche identifizieren (= Wahrnehmungsleistung als Ergebnis der sinnvollen Verarbeitung der visuellen Reize),
3. eine Übertragung auf den eigenen Körper vornehmen (= intermodale Leistung),
4. diese speziellen Körperteile (z. B. Augenbrauen) in Bewegung setzen (= Übertragung in die Motorik).

Die Schritte 2, 3 und 4 setzen bereits ein Körperbewusstsein voraus, das sich vorgeburtlich entwickelt hat. Schon das Neugeborene muss also aufgrund seiner Wahrnehmung eine Vorstellung vom eigenen Körper haben – ohne dass es sich selbst je hätte sehend beobachten können. Die angeborenen Grundfunktionen menschlichen Seins, nämlich Wahrnehmung, Bewegung und Körperbewusstsein, bilden zugleich die Grundelemente für die allerersten wie auch späteren Spielformen. Bemerkenswert ist, dass die ersten Ansätze von Spielverhalten in sozialen Interaktionen bestehen, wie eben diese Nachahmungsleistungen auch.

Spielen ist wohl eine der wesentlichsten Grundfähigkeiten des Menschen und zeigt sich in den vielfältigsten Aktivitäten im Umgang mit dem eigenen Körper, der sozialen und dinglichen Umwelt. Wie bei vielen anderen Entwicklungsbereichen stellt man auch bei der Spielentwicklung fest, dass jede Spielart ihre eigene Blütezeit innerhalb bestimmter Altersgrenzen hat und dann wieder in den Hintergrund tritt, um einer anderen Spielform Platz zu machen. Jede Spielart, die einmal erworben wurde, bleibt zeitlebens erhalten. Sie differenziert sich über die Jahre hinweg immer weiter aus und tritt in immer komplexeren Varianten zutage. Denken wir nur einmal an das beliebte „Guck-guck-da-Spiel" des Säuglings, das die Freude am Verschwinden und Wiederauftauchen widerspiegelt. Später taucht das gleiche „Spielmotiv" wieder auf in den Versteckspielen oder in der Faszination von den Zaubereien und Zaubersprüchen in Märchen, noch etwas später im Spaß am eigenen Zaubern bis hin zur Begeisterung für ganz große Zauberer im Zirkus oder Varieté.

Spielen heißt: sich entwickeln, wachsen, reifen, lernen; all das geschieht spielerisch von selbst – aus dem eigenen Antrieb der Neugierde heraus und mit Lust am Tun. Beide Komponenten sind störanfällig, zum Beispiel durch schwere emotionale Konflikte, durch motorische Beeinträchtigungen oder auch Störungen in der Wahrnehmungsentwicklung.

Neuropsychologische Ursachen einer Spielentwicklungsstörung

Aus neuropsychologischer Sicht ergeben sich vor allem dann Störungen in der Spielentwicklung, wenn folgende Bereiche Auffälligkeiten aufweisen:

1. Wahrnehmungsprozesse

- Wenn taktil-kinästhetische, auditive und/oder visuelle Wahrnehmungsstörungen auf modaler (einen Sinnesbereich betreffend) oder intermodaler Ebene (= Verknüpfung aller Sinnesmodalitäten) auftreten. Erkennbar, wenn das Kind z. B. beim Singspiel, bei dem gleichzeitig Bewegung (als taktil-kinästhetische Leistung) sowie Hören und Sehen in guter Zusammenarbeit gefordert sind, entweder den einen Sinneskanal „auslässt" (nur singt, sich aber nicht bewegt und umgekehrt) oder nur interessiert zuschaut, aber nicht mitmachen kann.
- Wenn die seriale Stufe der Wahrnehmungsentwicklung Lücken aufweist. Seriale Entwicklung ermöglicht das Aneinanderreihen von Gegenständen, z. B. Bausteine aneinander legen, Türme bauen oder auch das Kombinieren verschiedener Gegenstände: Klötze in eine Kiste werfen, Perlen auf den Faden aufziehen, Autos auf die Spielstraße setzen sowie auch die zeit-

Wahrnehmung, Bewegung und Körperbewusstsein bilden die Grundelemente für alle Spielformen.

liche Einordnung von Reizen/Ereignissen, wie dies beispielsweise im geordneten Handlungsablauf eines Rollenspiels gefordert ist. Auch die visuell-räumliche Ordnung, ohne die z. B. das Memory-Spiel und das Mikado-Spiel nicht bewältigbar sind, setzt eine seriale Entwicklung voraus.

- Wenn die angeborene, grundlegende Fähigkeit der selektiven Aufmerksamkeit (Herausfilterung dessen, was im jeweiligen Moment bedeutsam ist) eingeschränkt oder gar unmöglich ist. Es handelt sich hierbei um eine spezielle Form der Figur-Grund-Wahrnehmungsschwäche. Kinder mit diesen Störungen zeichnen sich häufig durch Sprunghaftigkeit, Impulsivität, erhöhte Ablenkbarkeit oder geringe Ausdauer im Spiel aus.

Spielen heißt: wachsen, reifen, lernen; all das geschieht spielerisch aus dem angeborenen Antrieb der Neugierde.

2. Motorik

Wenn motorische Auffälligkeiten vorhanden sind. Sei es als Folge einer Hirnschädigung und/oder mangelnden Integration frühkindlicher Reflexe in höhere Bewegungsmuster oder als Ausdruck einer Hirnreifungsverzögerung mit leichten neurologischen Auffälligkeiten (z. B. in Koordinationsleistungen, in der Kraftdosierung oder in der Automatisierung von Bewegungsabläufen).

Ungeschicklichkeiten, Misserfolge, rasche Ermüdbarkeit durch die immense Anstrengung, die ein Bewegungsablauf erfordert, oder Überforderungen bzw. Unfähigkeiten, sich entsprechend den Spielanforderungen rasch bewegen zu können, schränken sowohl das Spielrepertoire als auch die Neugierde und die Freude am Spiel erheblich ein. Auch Wahrnehmungsstörungen, speziell die taktil-kinästhetischen, beeinflussen die motorischen Leistungen in ihrer Qualität und erschweren das Spielen. Wahrnehmungsstörungen reduzieren unter Umständen die Neugierde und Lust am Tun, die Materialien können in der Fehlverarbeitung der Reize zu wenig Aufforderungscharakter besitzen oder, wenn sie unbekannt sind, eine Überforderung darstellen und dann sogar Angst hervorrufen.

Funktionen von Spiel

Die theoretischen Erörterungen abschließend möchte ich kurz wesentliche Bedeutungen kindlichen Spiels aufgreifen, um damit gleichzeitig den Blick für weitreichende Folgen einer nicht altersgerechten Spielentwicklung zu öffnen. Beim Betrachten der vielen Funktionen des Spiels fällt es nicht schwer, sich die seelische Not der Kinder vorzustellen, deren Spielverhalten eingeschränkt ist.

- Wie soll das Kind beispielsweise seine psychischen Spannungen oder Konflikte abführen? Vielleicht über häufiges Weinen, gereiztes, aggressives Verhalten, Einnässen oder darüber, sich ganz zurückzuziehen?
- Wie kann das Kind dann Erfahrungen mit sich und der dinglichen Umwelt sammeln? Vielleicht über vermehrtes Zuschauen, unablässiges Fragen, viel Fernsehen?
- Womit könnte das Kind sich sonst Erfolgserlebnisse verschaffen? Vielleicht über viel reden, den Clown spielen, über andere bestimmen, sich überanpassen und immer „lieb" sein?

Die Liste möglicher Folgen ist endlos. Nur in der Zusammenschau der Lebensgeschichte und der augenblicklichen Lebenssituation des Kindes sowie seiner Stärken und Kompetenzen kann das Ausmaß der Entwicklungsauffälligkeit, die uns unter Umständen erst als Spielentwicklungsstörung auffällt, abgeschätzt werden. Jedenfalls ist ein im Spiel auffälliges Kind in der weiteren psychischen, geistigen, sozialen und sprachlichen Entwicklung gefährdet.

Leitfragen zur Spielbeobachtung

Aus den bisherigen Darstellungen lassen sich vier Leitfragen ableiten, die rasch ein in der Spielentwicklung auffälliges Kind erkennen lassen:

- Sind Neugierde, Freude am Spiel und Lust am Ausprobieren oder Erkunden von Neuem vorhanden?
- Ist das Spielrepertoire altersgemäß ausgeweitet?
- Zeigen sich innerhalb einer Spielart altersgerechte Differenzierungen und Variationen sowie ein kreativer Umgang mit den Materialien und der Sprache im Spiel?
- Erfüllt das Spiel für das Kind vielerlei Funktionen? (Wird das Spiel also für die verschiedenen Funktionen eingesetzt?)

Sind bei einer oder mehreren Fragen Auffälligkeiten zu registrieren, empfiehlt sich anhand der folgenden Beobachtungshilfen eine erste Überprüfung auf mögliche neuro-

psychologische Ursachen. Die Beobachtungen können dann den Spezialisten, die die nachfolgende Differenzialdiagnostik und/oder Behandlung übernehmen, wichtige Informationen bieten. Natürlich sollen die Beobachtungen den Erzieherinnen dazu verhelfen, das Kind besser zu verstehen, behutsamer und geduldiger mit ihm umzugehen und entsprechende Hilfestellungen bieten zu können.
Die Beobachtungshilfe beschränkt sich auf einige häufige Spielsituationen in der Kita, innerhalb derer typische Entwicklungsauffälligkeiten offensichtlich werden können. Selbstverständlich werden die Spielbedingungen, wie sie in dem Beobachtungsraster dargestellt sind, von Einrichtung zu Einrichtung und von Situation zu Situation unterschiedlich sein. Wesentlich sind die grundsätzlichen Aussagen über die Art und Weise des Spiels, die auf die jeweils konkrete Beobachtung übertragen werden können.
Abschließend möchte ich nochmals darauf hinweisen: Auffälligkeiten im kindlichen Spiel können eine Entwicklungsauffälligkeit sein, bedingt durch neuropsychologische Gegebenheiten in Wahrnehmung, Motorik und Körperbewusstsein. Davon zu unterscheiden sind Spielstörungen, die ihre Ursache eher in emotionalen, sozialen und soziokulturellen Bedingungen haben. Dies zu unterscheiden fordert von den Erzieherinnen ein sehr sorgfältiges Beobachten sowie das Wahrnehmen des kindlichen Umfeldes und das Zusammentragen von Informationen aus Gesprächen mit Bezugspersonen. Das Hinzuziehen von Kolleginnen und Supervision kann bei einem solchen Klärungsprozess äußerst hilfreich sein.

Spielen beinhaltet:	spüren, erleben, erfahren, erkunden, identifizieren	→ wahrnehmen	Lernen bzw. geistige Entwicklung, Kreativität, Fantasie
	speichern von Erfahrungen, vergleichen von Sinneseindrücken mit Gespeichertem	→ speichern → wahrnehmen und kognitiv verarbeiten	
	wiederholen und festigen von erworbenen Handlungsschemata	→ abrufen und reproduzieren	
	ausdifferenzieren und variieren von Handlungsschemata	→ differenzieren, kombinieren, variieren	
Spielen ermöglicht:	Ausdifferenzierung der Motorik	→ motorische Entwicklung	
	emotionale und körperliche Entspannung	emotionale Befindlichkeit und Entwicklung	
	Verarbeitung psychischer Konflikte		
	Erfüllung eigener Wünsche und Bedürfnisse		
	Erfolge soziale Anerkennung	→ Persönlichkeitsentwicklung (Selbstvertrauen und Selbstwertgefühl)	
	Aufbau sozialer Fertigkeiten wie z. B. Helfen, Pflegen, Kooperieren, Selbstbehauptung	→ Sozialentwicklung (soziale Kompetenz)	
	Unterstützung in der sprachlichen Begriffsbildung und sprachlichen Ausdrucksfähigkeit	→ Sprachentwicklung	
	Aufbau der sog. „inneren Sprache“ (= Denkprozesse/Problemlösungen verlaufen über Sprache) über das sprachliche Begleiten des Spiels	→ geistige Entwicklung	

Spielverhalten		
Situation / Tätigkeit des Kindes	**Beobachtungen (Wie tut es das Kind? Wie verhält es sich?)**	**Interpretationen (Hinweise auf Störungen in ...)**
Versteck- und Aufdeckspiele:		Serialstufe, die die Erwartungshaltung und damit Spannung des Spiels sowie die Einhaltung von Regeln ermöglicht.
Versteckspiel mehrerer Kinder auf der Spielwiese der Kita	— Kind nimmt nie von sich aus an derartigen Spielen teil. — Kind macht auf Aufforderung hin höchstens ein- oder zweimal mit. — Kind weigert sich mitzuspielen mit Bemerkungen wie: „Das finde ich blöd!“	— Keine Lust am Verstecken, da Serialstufe lückenhaft entwickelt und/oder zu wenig Vertrauen (Bindungssicherheit) — Geringe Lust am Spiel — Entweder keine Freude oder es hat den Spielablauf (als zeitliche Serie von Handlungen/Ereignissen) nicht erfasst.
Im Rahmen einer Rhythmikstunde oder eines Ratespiels wird jeweils 1 Kind (oder auch mehrere) unter einem großen Tuch versteckt. Das Kind muss von anderen tastend identifiziert werden.	— Kind weigert sich, sich zudecken zu lassen. Sagt: „Das finde ich langweilig.“ — Kind verrät über seine „Ruhigstellung“ oder Gekicher seine gespannte innere Erwartungshaltung, deckt sich jedoch immer wieder frühzeitig auf, noch bevor ein anderes Kind mit dem Tasten begonnen oder zu Ende getastet hat. — Kind lässt sich zudecken, zeigt aber beim Ertastet-Werden und/oder beim Aufdecken keine Freude.	— Keine Lust am Verstecken — Lust am Versteckspiel ist erkennbar (und damit die notwendige Erwartungshaltung); es kann jedoch nicht abwarten, handelt impulsiv. (Die Impulsivität kann hier emotional oder neuropsychologisch begründet sein.) — Kind „macht halt mit“ aus Anpassung, empfindet den Wechsel von An- und Entspannung jedoch nicht als Freude erzeugendes Spiel.
Rollenspiel:		Serialstufe mit geordnetem Handlungsablauf und Kombinationen von Handlungsschemata; Symbolstufe (Stufe der kognitiven Entwicklung, aufbauend auf der Serialstufe)
Bauernhof In der Bauecke liegen Bauklötze, Tier- und Menschenfiguren, Autos, Traktor, Heuwagen, Eimer, Brunnen und ein bereits aufgestellter Bauernhof mit angrenzendem Weidezaun. Kind setzt sich in die Bauecke und sagt: „Ich spiel jetzt mit dem Bauernhof.“	— Kind greift sofort ein Tier nach dem anderen, stellt es in den Weidezaun, ohne auf räumliche Anordnung zu achten. Tut dies so lange, bis kein Platz mehr zur Verfügung steht. Spricht nicht dabei. Spiel ist beendet, Kind steht auf und geht auf andere Materialien zu.	— Die Zielvorstellung „Die Tiere müssen da rein“ wird über das starre Handlungsschema „Hineinstellen“ erreicht. Keine Variation, auch keine Kombination verschiedener Handlungsschemata, z. B. indem es „melkt“, „tränkt“ usw. oder die Tiere selbst in Aktion versetzt. Keine Belebung der Spielszene; der Symbolcharakter fehlt. Also: kein Rollenspiel, sondern schematisches Spielverhalten. Da Kombinationen, Variationen und Belebung fehlen, ist das Kind rasch am Ende. Die fehlende sprachliche Begleitung des Spiels lässt eine mangelnde Vorstellungskraft vermuten. Das Chaos verweist auf seriale Störungen (Nichterfassen räumlicher Ordnung und Beziehungen). Dieses Kind ist für die Gestaltung des Spiels und die Entwicklung von fortlaufenden Spielszenen verstärkt auf Anregungen von Bezugspersonen angewiesen.

Situation / Tätigkeit des Kindes	Beobachtungen (Wie tut es das Kind? Wie verhält es sich?)	Interpretationen (Hinweise auf Störungen in ...)
	— Kind stellt ein Tier nach dem anderen in den Weidezaun (wie oben). Die Tiere stehen dicht gedrängt, mehrere liegen auch in Haufen übereinander. Das Spiel ist beendet, nachdem alle 24 zur Verfügung stehenden Tiere verwendet worden sind.	— Starre Serienbildung, die vom Anfang bis zum Ende durchgezogen werden muss; daher werden alle Tiere benutzt. Das Kind kann nicht an einer beliebigen Stelle innerhalb der Zahlenreihe abstoppen (also z. B. nur 11 Tiere auf die Weide führen), oft auch dann nicht, wenn ihm die Anzahl vorgegeben wird. Kein Ordnungsprinzip, kein Vorstellungsvermögen darüber, wie die Tiere innerhalb eines Weidezauns stehen könnten. Zusammengefasst: seriale Entwicklungsauffälligkeit mit mangelndem Vorstellungsvermögen. Weder variables noch kreatives noch belebtes Spiel, also auch kein Symbolspiel. Eingeschränkte Ausdauer.
	— Kind stellt ein Tier nach dem anderen in den Weidezaun. Tiere eines Bauernhofes (Kühe, Esel, Pferde, Ziegen, Hühner) werden mit Waldtieren (Rehe, Hasen, Fuchs) gemischt. Hund und Katze werden ebenfalls dazugestellt.	— Wie oben: stereotypes Handlungsschema, kein variables oder kreatives Spiel und keine Symbolhandlung. Zusätzlich erkennbar: keine Kategorienbildung der Tiere (als sprachlich-kognitive Leistung der Klassifizierung über Oberbegriffe).
Als das Kind nach Aufstellung der Tiere das Spiel beenden möchte, reicht ihm die Erzieherin einen kleinen Eimer mit der Bemerkung: „Die Tiere haben alle Durst. Damit kannst du ihnen Wasser zum Trinken geben.“	— Kind nimmt Eimer, stellt diesen wahllos (!) zwischen die Tiere und sagt: „Ja, die haben Durst.“ Steht auf und geht an einen Tisch, auf dem Legosteine liegen.	— Wiederholung des stereotypen Handlungsschemas „Hineinstellen“ ohne Beachtung des Zweckes (Sinnzusammenhänge werden nicht registriert). Keine symbolische Spielhandlung, da es den Eimer nicht direkt vor ein Tier oder unter dessen Kopf stellt, damit es trinken kann. Das Kind erweitert das Spiel also nur bruchstückhaft um die von der Erzieherin angebotene Handlungssequenz. Spielfortgang wäre nur bei erneuter Anregung von außen – und dies immer wieder – möglich. Das Kind ist weder ablenkbar noch sprunghaft, es ist einfach „am Ende“ seiner Spielmöglichkeit.
Puppenspiel mit Puppe, Plüschtier, Holzfiguren und ähnlichen Materialien	— Kind wäscht den Körper und die Haare der Puppe, zieht ihr Unterwäsche, Kleid und Schuhe an. Spricht selten zur Puppe; kommentiert allenfalls die Handlung wie z. B.: „Jetzt ziehe ich das Kleid an.“ Kind legt die Puppe zur Seite, nachdem diese Handlungen abgeschlossen sind.	— Kind übt die gelernten Handlungsschemata „Waschen und Anziehen“ in geordneter Reihenfolge aus (= gute seriale Leistung); es zeigt aber nur ansatzweise das „So-tun-als-ob“ und das Beleben der Puppe. Das Rollenspiel ist also erst in Ansätzen erkennbar; das Spiel ist hauptsächlich funktional. Auch fehlt die Kombination verschiedener gelernter Schemata wie z. B. anziehen + trösten + sich unterhalten. Die Serialstufe zeigt demnach zwar geordnete Abläufe, aber noch zu wenig Kombinationen und Variationen. Die Entwicklung auf dieser Stufe ist lückenhaft.

III. Beobachtungshilfen zu Wahrnehmungsbereichen

4. Auditive Wahrnehmung und Sprachentwicklung

Auffälligkeiten in der auditiven Wahrnehmung sind oft nur schwer zu erkennen, da zum Beispiel taktil-kinästhetische und visuelle Wahrnehmungen in diese Wahrnehmungsleistungen hineinspielen. Dementsprechend vielfältig sind auch die Ursachen für Sprachentwicklungsstörungen.

Auditive Wahrnehmung – hören, lauschen, horchen, erkennen, verstehen – beginnt beim Ohr als Sinnesorgan, geht weiter über die Hörnerven zu den verschiedenen Hörzentren im Gehirn, wo die Verarbeitung der eintreffenden akustischen Signale stattfindet. Auditive Wahrnehmung als isolierte Sinnesleistung ist kaum beobachtbar. Bei auditiven Wahrnehmungsleistungen, wie zum Beispiel das Lokalisieren von Geräuschen, das Unterscheiden von Geräuschquellen oder Lauten, sind stets taktil-kinästhetische und/oder visuelle, teils auch olfaktorische und gustatorische (Riechen und Schmecken betreffende) Wahrnehmungen mit eingebunden. Dies lässt sich allein schon aus dem kombinierten Bau der Organe von Gehör- und Gleichgewichtssinn ableiten. Sprachliche Ausdrucksformen weisen ebenfalls auf Sinnesverknüpfungen hin, wie zum Beispiel „knall-bunt" (auditiv-visuell) oder „angespannt hinhören" (taktil-kinästhetisch-auditiv). Autoren wie Tomatis und Berendt betonen die fundamentale Bedeutung des Gehörs für die neurologische, emotionale und kognitive Entwicklung des Menschen, die schon wenige Wochen nach der Zeugung beginnt. Es sei hier auf den ausgezeichneten Überblicksartikel „Ich bin ganz Ohr" von Frank-Michael Hohler in kindergarten heute (1–2/93) verwiesen, der die tieferen Wurzeln und Bedeutungen des Gehörsinns und der auditiven Wahrnehmungsfähigkeit veranschaulicht. Grundlegende Funktionen auditiver Wahrnehmung wie zum Beispiel die Unterscheidung von Tonhöhen oder Lautstärken und spezifische höhere auditive Wahrnehmungsleistungen, auf die hier nicht näher eingegangen werden kann, sind u. a. den Veröffentlichungen von Burkhart Fischer (2007) und Gerhard Böhme (2008) zu entnehmen.

Auditive Wahrnehmung und Sprachentwicklung

Das Gehör des ungeborenen Kindes nimmt ca. ab der 8. Schwangerschaftswoche Geräusche aus dem Mutterleib und der nächsten Umgebung auf. Der Herzschlag der Mutter übermittelt dem Kind schon jetzt einen Rhythmus; Sprechrhythmus und Sprechmelodie der Mutter vermitteln erste Erfahrungen mit vorsprachlicher menschlicher Kommunikation.

Sofort nach der Geburt setzt sich die vorsprachliche Kommunikation zwischen Mutter und Kind fort über Mimik, Gestik und rhythmische Körperbewegungen, die die Sprache begleiten. René Spitz prägte für diese Urform der Kommunikation den Begriff des „Mutter-Kind-Dialogs" (Spitz 1973, S. 697 ff.), in dem beide Partner agierend und reagierend in Form von Widerspiegelung (Nachahmung) miteinander kommunizieren. Auch das Neugeborene kann also bereits nachahmen. In dieser Phase der Sprachentwicklung macht es Erfahrungen mit allen Sinnen gleichzeitig, wodurch sich intermodale Verknüpfungen weiter aufbauen und sich ein Verständnis für Signale entwickeln kann.

Wenige Monate später beginnt das Kind zu „brabbeln". Es erzeugt undifferenzierte Laute, und sofern es diese hören kann, wird es über die auditiv wahrgenommenen Rückmeldungen verstärkt. Gehörlose Kinder beenden in dieser Zeit ihre aktive Sprachentwicklung, da die auditiv wahrgenommenen Rückmeldungen fehlen.

Wiederum wenige Monate später „schleicht" das Kind sich in die Sprachmelodie ein und gleicht die Plapperlaute Lautgebilden der Muttersprache an.

Bei fast allen auditiven Wahrnehmungsleistungen sind Leistungen anderer Sinnessysteme eingebunden.

Das Lallen weist jetzt Lautkombinationen auf, die wiederum zu Worten zusammengesetzt werden. Lallen stellt eine Nachahmungsleistung auf recht hohem Niveau dar, die intermodale und seriale Wahrnehmungsleistungen erfordert. Sprachentwicklung beginnt somit weit vor dem „Plappern" und basiert auf Wahrnehmungsprozessen auf allen drei primären Entwicklungsstufen.

Modale Prozesse

Eine ungestörte auditive Wahrnehmung setzt die Intaktheit beider Gehörorgane, der Hörnerven und Hörzentren im Gehirn voraus. Diese sinnes- oder modalitätenspezifische Ebene der Wahrnehmung kann durch ein- oder beidseitige Schwerhörigkeit, Taubheit oder vorübergehende Erkrankungen des Gehörorgans beeinträchtigt sein. Wie Untersuchungen von Affolter zeigen, muss es hierbei zu keiner Störung der nächst höheren intermodalen und serialen Entwicklungsstufen kommen, wenn die anderen Sinnesmodalitäten voll funktionsfähig sind und zur Kompensation zur Verfügung stehen. Selbst ein völlig gehörloses Kind kann über die Kompensationen durch taktil-kinästhetische und visuelle Wahrnehmung zum Erkennen von sprachlichen Signalen und

Von der konkreten Wahrnehmung zum abstrakten Sprachbegriff

Wahrnehmung

taktil-kinästhetisch	**visuell**	**auditiv**	**olfaktorisch** (Geruch) **gustatorisch** (Geschmack)
rund/oval	rund/oval	knackendes Geräusch beim Einritzen der Schale	riecht fruchtig („wie“ Orange)
schwer	orange (Farbe)	Geräusch beim Trennen der Schnitze	schmeckt süß oder säuerlich („wie“ Orange)
weich, lässt sich drücken, gibt nach	grünliche Schattierung (Reifegrad)		
klebrig (Saft)	Orangenhaut (Oberflächenstruktur)		
nass/feucht (Saft)	Blütenansatz		
glatt oder leicht hügelig	Saft		

„Orange“ (Sprachbegriff)

zu Nachahmungsleistungen gelangen. Dies ermöglicht ein Kommunizieren über Gebärden- und Schriftsprache, bei entsprechender Schulung gar über verbale Sprache. Damit wird schon deutlich, dass zum Erwerb von Sprache die auditive Wahrnehmung zwar dienlich, aber nicht unabdingbar ist. Die allgemeine, als oberflächlich zu bezeichnende Annahme, dass bei wahrnehmungsgestörten Kindern hauptsächlich die auditive Wahrnehmung für die gestörte Sprachentwicklung verantwortlich sei, trifft also nur bedingt zu, denn auch andere Sinne haben „ein Wörtchen mitzureden“.

Intermodale Prozesse

Passive wie aktive Sprache setzt die Verknüpfung mehrerer Sinnesmodalitäten (intermodale Stufe) voraus. Erst die sinnvolle Zusammenarbeit ermöglicht die in der Beobachtungshilfe angeführten auditiven Leistungen. Von besonderer Bedeutung sind die taktil-kinästhetischen Leistungen, die zum Beispiel das Orten von Geräuschquellen oder das Verstehen von Worten in Koordination mit der auditiven Wahrnehmung ermöglichen.

Begriffe als abstrakte Sprachgebilde entwickeln sich aus dem Begreifen, einem Vorgang taktil-kinästhetischer Wahrnehmung. Über Verknüpfung der taktil-kinästhetischen Erfahrungen mit auditiven, visuellen, geruchlichen und geschmacklichen Erfahrungen kommt es zu den allumfassenden sprachlichen Begriffen. Das Schaubild links lehnt sich an die Theorie von Affolter an und soll diesen Begriffsbildungsprozess am Beispiel der Frucht „Orange“ verdeutlichen.

Seriale Prozesse

Für viele der auditiven Leistungen ist die noch höhere Organisation der Verarbeitung der Informationen auf der Serialstufe notwendig, also die Einordnung der Signale in eine zeitlich geordnete Reihenfolge. Der Satz „Marktplatz dem auf wir sangen gestern“ ist erst nach einigem Überlegen und Umstellen der zeitlich geordneten Wortabfolge entschlüsselbar. Der Begriff „gestern“ setzt zudem ein Zeitverständnis voraus. Zeitliche Reihenfolgen wie zum Beispiel vorher – jetzt – nachher oder zuerst – dann – später – zuletzt werden zunächst ganz konkret und über mehrere Sinneskanäle gleichzeitig erfahren, bevor sie als Sprachbegriff abstrahiert und gespeichert werden.

Die knapp fünfjährige Lisa beispielsweise umschrieb den Zeitbegriff „morgen“ mit „der Tag, wenn ich noch einmal geschlafen habe“. Schlafen als etwas konkret Erfahrbares wird zur Sinnvermittlung herangezogen. Den Zeitbegriff „gestern“ umschrieb Lisa mit „der Tag, an dem in der Nacht heute gewor-

den ist“. Die Nacht als visuell (dunkel) wie auch taktil-kinästhetisch (kühler, kalt, feucht) Wahrnehmbares dient auch hier der Sinnvermittlung. Die zeitliche Einordnung hat Lisa sinnvoll vollzogen, sie hat also ein zeitliches Verständnis, jedoch lässt die sprachliche Abstraktion (altersadäquat) noch zu wünschen übrig.
Seriale Leistungen sind ebenfalls erforderlich, wenn ein Kind Worte, Silbenreihen oder ganze Sätze erfassen und wiedergeben soll. Vorgesprochene Laute, Silben, Worte usw. müssen in der richtigen Reihenfolge aufgenommen, verarbeitet und gespeichert werden, um dann in der gleichen Reihenfolge in die Sprechmotorik übertragen werden zu können.
Seriale Leistungen auf hohem Integrationsniveau sind gefordert, wenn zeitliche oder räumliche Beziehungen über sprachliche Begriffe oder den Satzbau vermittelt werden. Die Aufforderung „Wenn du fertig bist, dann komm bitte ins Bad“ beinhaltet ein „vorher-nachher“ und macht „Wenn-dann-Beziehungen“ verständlich. In der Aufforderung „Räume die Spielsachen vom Tisch“ steckt die räumliche Beziehung der Spielsachen zum Tisch. Im Satz „Die Mutter wäscht die Tochter“ und „Die Tochter wäscht die Mutter“ vermittelt nur die zeitliche Ordnung der Worte beim Lesen den jeweiligen Sinn. An derartigen Beispielen wird deutlich, wie grundlegend die seriale Wahrnehmungsentwicklung sprachliche Prozesse bedingt.

Zur Beobachtungshilfe

Die folgenden Beobachtungshinweise konzentrieren sich auf zwei Beobachtungsrichtungen:

- Auf auditive Wahrnehmungsstörungen im Allgemeinen und die Vielfalt ihrer Ausdrucksformen in verschiedenen Entwicklungsbereichen wie emotionale Befindlichkeit, Aufmerksamkeit, Ausdauer, Konzentration, Lernen und Sozialverhalten.
- Auf Auswirkungen auditiver Wahrnehmungsstörungen, speziell die Sprachentwicklung. Um Missverständnissen vorzubeugen, sei ausdrücklich darauf hingewiesen, dass Wahrnehmungsstörungen lediglich eine mögliche Ursache für Sprachentwicklungsstörungen sind. Das Schaubild unten verdeutlicht die Komplexität im Überblick. Die Beobachtungshinweise begrenzen sich auf Folgen auditiver Wahrnehmungsstörungen für die Sprachentwicklung, oder umgekehrt: Über bestimmte Auffälligkeiten in der Sprachentwicklung können Rückschlüsse auf Verarbeitungsprozesse sinnlicher Erfahrungen gezogen werden.

Sprachentwicklungsstörungen können Folge der im Schaubild aufgeführten Wahrnehmungsstörungen und/oder der dort genannten Ursachen sein oder auch aus völlig ungeklärter Ursache auftreten. Affolter geht davon aus, dass Auffälligkeiten in der Sprachentwicklung stets auf Auffälligkeiten in der Wahrnehmungsentwicklung zurückzuführen sind. Daher ist es sinnvoll, nicht rein auf sprachlicher Ebene zu fördern (z. B. Sätze nachsprechen, fehlende Worte einsetzen lassen), sondern an der Wurzel anzusetzen. Beispielsweise in Form eines taktil-kinästhetischen Wahrnehmungstrainings oder der Durchführung von Alltagshandlungen, Spielen und Beschäftigungen (unter Anleitung), die den Aufbau intermodaler und serialer Leistungen unterstützen. Gleichzeitig kann im gemeinsamen Agieren und unter sprachlicher Begleitung durch die Bezugsperson die Motivation zu sprachlich-kommunikativem Verhalten bestärkt werden, was der Sprachentwicklung allgemein sehr dienlich ist.

Ursachen von Sprachentwicklungsstörungen

Wahrnehmungsstörungen

modale Stufe:
- taktil-kinästhetische Störung
- auditive Störung
- visuelle Störung

intermodale Stufe:
- taktil-kinästhetische-auditive Störung
- taktil-kinästhetische-visuelle Störung
- taktil-kinästhetische-auditiv-visuelle Störung

seriale Stufe:
- auditiv gesteuerte Wahrnehmungsprozesse höherer Art

Andere Ursachen

emotionale und soziale Risikofaktoren; Mangel an Sprachangeboten

Schädigung von bestimmten Hirnzentren

genetisch bedingte Anomalien oder Defekte

Körperbehinderung

Intelligenzminderung; Sinnesbehinderung (Schwerhörigkeit, Taubheit)

Auditive Figur-Grund-Wahrnehmung		
▬ Fähigkeit, aus einer Geräuschkulisse bestimmte Geräusche/Töne usw. herausfiltern zu können, z. B. Stimme der Erzieherin aus der Geräuschkulisse im Gruppenzimmer oder Fahrradklingel aus dem dröhnenden Straßenlärm — Ermöglicht Verstehen von sprachlichen Informationen und nichtsprachlichen Signalen, gerichtete Aufmerksamkeit, Ausdauer und Konzentration		
Situation / Tätigkeit des Kindes	**Beobachtungen (Wie tut es das Kind? Wie verhält es sich?)**	**Interpretationen (Hinweise auf Störungen in ...)**
Erzieherin liest Kindern eine neue Geschichte über einen neugierigen, gefräßigen Kater vor. Die Kinder sitzen im Stuhlkreis.	— Kind hört die ersten 5 Minuten gespannt zu. Fragt dann häufig dazwischen, z. B.: „Was hat der König mit ihm gemacht?“, „Oh, wie kann ein Vater (statt Kater) so viele Mäuse fressen?“. Schließlich sagt das Kind: „Die Geschichte ist aber langweilig.“ Es beginnt zu stören, indem es sich mit anderen Kindern unterhält oder diese schubst und herumkaspert.	— Störung in der Figur-Grund-Wahrnehmung: Kind muss sich besonders anstrengen, um die Stimme der Erzieherin und das Vorgelesene herausfiltern zu können. Es ermüdet daher schon nach wenigen Minuten. Durch die Ermüdung versteht es viele Worte und damit die Sätze nicht mehr. Der Sinn der Sätze wie der Geschichte insgesamt geht verloren. Es versteht nur noch „Bahnhof“. Konzentration wie Motivation sind verloren, es beginnt sich zu beschäftigen mit Aktivitäten, die die anderen stören. (Keine Provokation, sondern Beschäftigung!)
	— Kind beachtet jedes Geräusch innerhalb und außerhalb des Raumes und sagt oder fragt etwas dazu, z. B.: „Was ist das für ein Auto?“, „Kommt meine Mama?“.	— Störung in der Figur-Grund-Wahrnehmung: Kind kann die Stimme der Erzieherin nicht herausfiltern. Jedes Geräusch ist „gleichwertig“ mit ihrer Stimme und wird daher sofort beachtet. Die gerichtete Aufmerksamkeit ist unmöglich oder zu kurz; es zeigt sich eine erhöhte Ablenkbarkeit, die hier wiederum sehr störend auf die anderen wirkt.

Lautdiskrimination		
▬ Fähigkeit, einzelne Laute (Konsonanten und Vokale) sowie Lautkombinationen unterscheiden zu können — Ermöglicht Verständnis von Worten und Sätzen		
Laura, Edith und Susanne spielen in der Puppenecke. Christine möchte mitspielen, Laura schickt sie weg. Erzieherin ruft: „Laura, lass Christine bitte mitspielen!“	— Laura reagiert nicht, spielt „einfach“ weiter oder — Laura dreht sich zur Erzieherin um und fragt: „Welche Inge denn?“	— Störung in der Figur-Grund-Wahrnehmung: Laura kann wesentliche Informationen nicht aus der Geräuschkulisse herausfiltern. Sie hat also tatsächlich nicht „gehört“. — Störung in der Lautdiskrimination: Laura versteht einen klangähnlichen Namen und muss daher nachfragen. Das auditive Herausfiltern und Lokalisieren (woher die Stimme kommt) ist unauffällig.
Erzieherin fordert ein Kind auf: „Hol mir bitte den Besen.“	— Kind geht zur Bücherecke, holt ein Buch heraus und bringt dieses der Erzieherin.	— Störung in der Lautdiskrimination: Statt „Besen“ versteht das Kind das klangähnliche Wort „lesen“. Den sinnlosen Satz „Hol mir bitte den lesen“ hat es in den sinnvollen Satz „Hol mir bitte was zu lesen“ umfunk-

Situation / Tätigkeit des Kindes	Beobachtungen (Wie tut es das Kind? Wie verhält es sich?)	Interpretationen (Hinweise auf Störungen in ...)
		tioniert. Aus Sicht der Erzieherin ergibt die Handlung des Kindes keinen Sinn. Sie fehlinterpretiert daher leicht: z. B. das Kind verstehe die Aufforderung nicht (als Intelligenzproblem oder mangelnder Wortschatz) oder es wolle nicht und provoziere (Motivationsproblem).
Kinder sitzen im Stuhlkreis. Erzieherin liest das Märchen vom gestiefelten Kater vor.	— Kind stellt am Anfang noch Verständnisfragen oder fragt einfach nur: „Was?“, „Wieso?“ Fragt dann nicht mehr. Richtet seine auditive Aufmerksamkeit auf Geräusche, die von draußen kommen. Geht zum Fenster, um hinaussehen zu können. Erzieherin ermahnt es, sich wieder in den Kreis zu setzen. Kind antwortet missmutig: „Ich versteh ja doch nichts.“ Darauf erwidert Erzieherin: „Du musst nur aufmerksam zuhören!“	— Kind versteht sehr häufig nur klangähnliche Worte, wie z. B. „Vater“ statt „Kater“ oder „Zipfel“ statt „Stiefel“. Die ständig geforderte erhöhte Aufmerksamkeit ermüdet es, sodass es mit Fragen aufhört. Die Geschichte kann nicht mehr nachvollzogen werden, es langweilt sich. Es wird damit leicht ablenkbar. Die Erzieherin kann die Argumente des Kindes nicht nachvollziehen, überfordert es bzw. gibt ungerechterweise Ermahnung und Ratschlag, den das Kind beim besten Willen nicht befolgen kann.

Identifizieren von Geräuschquellen

- Fähigkeit zu erkennen, welche Objekte welche Geräusche erzeugen
- Gewährleistet die körperliche wie die emotionale Sicherheit und ein situationsgerechtes Reaktionsvermögen; Erfahrungswissen spielt hier selbstverständlich eine große Rolle

Situation / Tätigkeit des Kindes	Beobachtungen (Wie tut es das Kind? Wie verhält es sich?)	Interpretationen (Hinweise auf Störungen in ...)
Erzieherin schaltet in der Kochecke den Quirl an.	— Kind kommt aufgeregt aus der Bücherecke gestürmt und fragt: „Was ist das?“	— Kind kann nicht erkennen, dass dieses laute Geräusch durch einen Handquirl erzeugt wird. Es hat daher (biologisch bedingt) Angst.
Im Gruppenraum fällt ein Stuhl um.	— Kind erschrickt übermäßig stark, dreht sich in die Richtung des umgefallenen Stuhles um, fragt: „Was war das?“	— Die Lokalisation des Geräusches gelingt, jedoch misslingt die Identifikation der Geräuschquelle. Selbst der am Boden liegende Stuhl, den das Kind sieht, führt zu keinen Rückschlüssen darüber, was geschehen sein könnte. — Die große Schreckhaftigkeit ist auf die Schwierigkeiten der Identifizierung, die stark verunsichern, zurückzuführen.
Wasser läuft in das Spülbecken in der Kochecke.	— Kind hört dieses „neue“ Geräusch im Gruppenraum. Schaut sich um, läuft im Zimmer umher, um zu erkunden, woher dieses Geräusch kommt. Fragt Erzieherin: „Wo läuft da Wasser?“	— Kind kann identifizieren, dass das Geräusch „fließendes Wasser“ ist. Aber es kann nicht erkennen, dass es in ein Stahlbecken fließt, wodurch ein typisches Geräusch erzeugt wird. Auch scheint das Kind Probleme in der Lokalisation der Geräuschquelle zu haben.

Lokalisieren von Geräuschquellen

- Fähigkeit, den Ort bestimmen zu können, von dem die Geräusche (in Bezug zum eigenen Körper) kommen, z. B. „hinter" oder „rechts seitlich" oder „über" einem
- Ermöglicht rasches Reagieren auf Gefahrenquellen, rasches Reagieren auf Ansprache und richtige Reaktionen im sozialen Kontakt, emotionale Sicherheit, Orientierung im Raum und Straßenverkehr ganz allgemein. Auditives Lokalisieren basiert auf intermodalen Wahrnehmungsleistungen.

Situation / Tätigkeit des Kindes	Beobachtungen (Wie tut es das Kind? Wie verhält es sich?)	Interpretationen (Hinweise auf Störungen in ...)
Kind ruft aus dem Flur einen Spielkameraden.	— Spielkamerad ruft fragend zurück: „Wo bist du?" Kind antwortet: „Hier." Spielkamerad ruft nochmals: „Wo hier?" Kind antwortet: „Im Flur." Spielkamerad geht in den Flur.	— Lokalisation von Geräuschquellen ist erschwert. Neben intermodaler Verarbeitungsstörung könnte diese Schwierigkeit auch organisch bedingt sein. Sehr häufig durch Flüssigkeit im Mittelohr (Paukenerguss) oder durch beidseitig verschiedene Hörfähigkeit.
Kind steht mitten auf dem gepflasterten Weg des Außengeländes der Kita, ca. 20 m vom Haupteingang entfernt. Hinter ihm kommen 2 Kinder mit einem Bollerwagen angebraust.	— Kind reagiert ängstlich, schaut nach rechts und links, ruft nach Erzieherin, dreht sich plötzlich um und läuft eilig zurück zur Kita. Es stößt so beinahe mit dem Bollerwagen zusammen.	— Kind kann die Geräuschquelle nicht orten. Durch die Lautheit und Charakteristik des Geräusches wird „Gefahr" signalisiert, was unweigerlich zu Angst führt. Die Angst wird verstärkt, da das Kind nach der ersten visuellen Orientierung die „Gefahr" nicht erfassen kann. Es gerät in Panik und versucht, sich in Sicherheit zu bringen, bringt sich aber gerade dadurch in Gefahr.

Bewegungs- und Richtungshören

- Fähigkeit festzustellen, dass sich eine Geräuschquelle bewegt, und in welche Richtung die Bewegung geschieht, z. B. ein Windrad, das sich dreht; eine Fahne, die flattert; ein Auto, das wegfährt; ein Zug, der in den Bahnhof einfährt; ein Fahrrad, das sich von hinten nähert. Richtungshören setzt die Fähigkeit zu lokalisieren voraus. Richtungs- und Bewegungshören basieren auf intermodalen und serialen (d. h. in zeitlicher Abfolge wahrgenommenen) Wahrnehmungsprozessen.
- Ermöglicht rasche Orientierung im Raum, emotionale und körperliche Sicherheit, Abschätzen von Geschwindigkeiten

Situation / Tätigkeit des Kindes	Beobachtungen	Interpretationen
Kinder sitzen im Garten und vespern. Eine Biene fliegt an Sandra (von rechts nach links) vorbei.	— Sandra schreit: „Eine Biene!"; sie wendet den Kopf nach rechts, um die Biene auch sehen zu können, dies misslingt ihr. Sandra wird weinerlich, wehrt heftig mit Händen ab und dies immer noch, nachdem die Biene schon weit weg und nicht mehr hörbar ist.	— Identifizieren der Geräuschquelle und Lokalisation sind unauffällig. Aber das Bewegungshören bietet keine klaren Informationen. Sandra hätte sonst hören müssen, dass die Biene vorbeigeflogen ist und keine Gefahr mehr besteht. Das visuelle Erfassen misslang ihr vermutlich deshalb, weil sich die Augen nicht synchron zu den auditiven Informationen (ständiger Entfernungswechsel) einrichten konnten. Oder die große Aufregung (emotionaler Aspekt) hat die differenzierte Wahrnehmung verhindert.

Situation / Tätigkeit des Kindes	Beobachtungen (Wie tut es das Kind? Wie verhält es sich?)	Interpretationen (Hinweise auf Störungen in ...)
Sandra steht auf dem Parkplatz und wartet auf die Mutter. In 10 m Entfernung von ihr steht ein Auto, dessen Motor schon seit einigen Minuten läuft. Jetzt fährt das Auto an.	— Sandra bleibt unbeirrt an der Stelle stehen. Es ist kein visuelles Orientierungsverhalten, auch keine Angstreaktion erkennbar.	— Sandra hat nicht bemerkt, d. h. auditiv erkannt, dass das Auto sich jetzt in Bewegung setzt und sie eigentlich der drohenden Gefahr ausweichen sollte.

Auditive Signale erkennen

- Fähigkeit, auditiv Wahrgenommenes in seiner Bedeutung zu erfassen. Z. B. kann das Gluckergeräusch einer geschüttelten Flasche bedeuten, dass es bald etwas zu trinken gibt; der rasselnde Schlüsselbund könnte vermitteln, dass jemand das Haus verlassen möchte; das Piepsen des Eierkochers zeigt an, dass die Eier fertig gekocht sind; das Glockenläuten könnte bedeuten, dass es 12 Uhr mittags ist oder bald ein Gottesdienst beginnt. Signale zu erkennen setzt ein Identifizieren voraus und beinhaltet komplexe intermodale und seriale Wahrnehmungsprozesse, da zeitliche Abläufe oder Wenn-dann-Beziehungen erfasst werden müssen.
- Ermöglicht Umweltorientierung und Lernen sowie Kommunikation und hat großen Einfluss auf das Sozialverhalten

Situation / Tätigkeit des Kindes	Beobachtungen (Wie tut es das Kind? Wie verhält es sich?)	Interpretationen (Hinweise auf Störungen in ...)
Kind hat Durst, verlangt sofort nach dem eisgekühlten Tee im Kühlschrank. Erzieherin geht zum Kühlschrank, öffnet diesen, holt die Teekanne heraus. Kind sieht Erzieherin nicht, da es in der Spielhütte im Zimmer liegt. Die anderen Kinder befinden sich draußen.	— Kind ruft ungeduldig: „Wann holst du mir endlich den Tee?“	— Kind hat das Knacken der Kühlschranktür nicht als Signal (Kühlschrank wurde geöffnet und es gibt jetzt etwas zu trinken) identifiziert. (Voraussetzung ist natürlich eine Figur-Grund-Wahrnehmung.)
Katja und Edith spielen Fangen. Katja eilt in den Toilettenraum und verriegelt die Toilettentür. Das Riegelgeräusch ist deutlich zu hören. Edith hat Katja gerade noch entwischen sehen.	— Edith eilt zur Toilettentür, drückt den Türgriff herunter, knallt mit ungebremster Wucht gegen die Tür, da diese verschlossen ist. Edith tut sich weh, schreit: „Mensch Katja, du blöde Kuh! Ich mach nicht mehr mit!“	— Edith hat – vorausgesetzt, sie hat gehört – die Bedeutung (= Tür ist verschlossen) nicht erfasst oder — Edith hat das Geräusch nicht wahrgenommen, weil sie in ihrer Aufmerksamkeit nur auf das Fangen eingestellt war. Das Geräusch wurde also ausgeblendet oder — Edith konnte das prägnante (hier bedeutsame) Geräusch nicht aus der allgemeinen Geräuschkulisse herausfiltern (Figur-Grund-Schwäche).
Bei heißem Sommerwetter sind Fenster und Türen des Gruppenraumes geöffnet. Ein Gewitter zieht auf,	— Kind geht zur Tür, öffnet diese wieder. Es wiederholt diese Tätigkeit, sooft die Tür erneut zuknallt. Kind erkennt nun die Sinnlosigkeit seines Handelns und sagt zur Erzieherin: „Die Tür soll offen bleiben!“ Erziehe-	— Kind hat die beiden wahrnehmbaren Ereignisse „starker Wind“ und „Türenknallen“ nicht in Beziehung zueinander gesetzt. Oder umgekehrt, es hat das wiederholte Türenzuschlagen nicht als Signal für Wind

Situation / Tätigkeit des Kindes	Beobachtungen (Wie tut es das Kind? Wie verhält es sich?)	Interpretationen (Hinweise auf Störungen in ...)
es windet stark. Die Fensterflügel schlagen gegen die Fensterrahmen, die Tür knallt zu.	rin sagt: „Die bleibt nicht offen, lass sie doch geschlossen.“ Kind reagiert ärgerlich, hält die Türe fest, sodass Erzieherin sie nicht schließen kann.	oder Durchzug gedeutet. Es kann also aus der Erfahrung „Tür knallt immer wieder zu“ nicht lernen und ist frustriert. Das Kind erscheint „dumm“ und/oder rechthaberisch und/oder provozierend, aggressiv.
Eine Kindergruppe geht zum Spielplatz, der auf der anderen Straßenseite liegt. Ein Mofafahrer nähert sich.	— Kind läuft sofort über die Straße, obgleich es das nahende Mofa gehört und gesehen hat.	— Kind hat die auditiven und visuellen Informationen nicht als „gefährlich“ interpretiert.
Kind geht auf dem Bürgersteig. Hinter ihm klingelt ein Fahrradfahrer.	— Kind geht unbeirrt, ohne sich umzudrehen oder auszuweichen, weiter.	— Kind interpretiert die zu hörende Fahrradklingel nicht als „Warnsignal“ oder kann Klingelgeräusch nicht aus der allgemeinen Geräuschkulisse herausfiltern.

Rhythmus erfassen / rhythmisieren können

- Den Rhythmus erfassen und rhythmisieren zu können ermöglicht das Einschwingen in den Sprechrhythmus des Sozialpartners (wie dies das Neugeborene bereits kann) und das Übernehmen des Sprechrhythmus der Muttersprache. Außerdem werden Gedächtnisprozesse durch Rhythmisierung (Unterteilung in Gruppen) unterstützt.
- Rhythmisierung ist Grundvoraussetzung für Singen, Tanzen, Musizieren.
- Rhythmisierung unterstützt wesentlich das Zählenlernen und den Umgang mit dem Zahlenraum sowie den Prozess des Schreibenlernens und der Rechtschreibung (Gliederung in Silben).

Situation / Tätigkeit des Kindes	Beobachtungen	Interpretationen
Kinder sitzen im Kreis und klatschen das Lied mit, das die Erzieherin singt und mit der Gitarre begleitet.	— Kind klatscht mit, aber nicht synchron zum Takt. Hat „eigenen“ Rhythmus. Bemerkt die Diskrepanz zur Vorgabe nicht, klatscht munter weiter.	— Die auditiv-motorische Koordination misslingt infolge der Schwierigkeit, den Rhythmus zu erfassen.
	— Kind klatscht nicht im Rhythmus, bemerkt Fehler, will sich dem vorgegebenen Rhythmus anpassen, gerät ins Stocken. Beendet das Mitklatschen, hört nur noch zu.	— Wie oben, jedoch hat dieses Kind mehr Gespür für Rhythmus. Es kann sich entweder den Rhythmus in der Abfolge nicht merken oder diesen nicht in die Motorik übertragen.
	— Kind klatscht nicht im Rhythmus, bemerkt Fehler, betont eigenen Rhythmus und versucht, die anderen zu übertönen. Kaspert herum, lacht laut.	— Dieses Kind versucht sich nicht anzupassen, sondern zu behaupten als Ausdruck eines Kompensationsversuchs seiner Schwierigkeiten, die es bewusst registriert. Die Kompensationsversuche wirken störend.
Der Abzählvers „Ich und du / Müllers Kuh / und raus bist du“ wird eingeübt und soll praktisch angewandt werden.	— Kind „leiert“ Spruch monoton herunter, achtet auch nicht auf die zum Text und Rhythmus parallel auszuführende Gestik (auf das jeweilige Kind im Kreis deuten).	— Rhythmisierung misslingt vollkommen.
	— Kind versucht die Sprache zu rhythmisieren und die Gestik parallel auszuüben. Während der Sprechrhythmus mit den zugehörigen Pausen stimmt, gerät es mit der Gestik durcheinander.	— Kind ist mit der gleichzeitig geforderten Rhythmisierung von Sprache und Gestik überfordert (sog. eingeschränkte Kanalkapazität).

Situation / Tätigkeit des Kindes	Beobachtungen (Wie tut es das Kind? Wie verhält es sich?)	Interpretationen (Hinweise auf Störungen in ...)
Der Kindervers „Eine kleine Dickmadam / fuhr mal mit der Eisenbahn / Eisenbahn, die krachte / Dickmadam, die lachte" soll nachgesprochen werden.	— Kind sagt: „Eine kleine Dickmadam ...", stockt, denkt nach, fährt fort mit „... die krachte" und lacht. — Kind sagt: „Eine kleine Dickmadam fuhr mit der Eisenbahn" (sozusagen in einem Atemzug). Gibt zu erkennen, dass der Vers damit beendet ist.	— Text wurde nicht gespeichert, evtl. weil das Rhythmisieren nicht gelingt. — Rhythmisierung wird nicht übernommen. Gedächtniskapazität ist eingeschränkt.

Seriale auditive sprachliche Leistungen

- Es sind hier nur einige grundlegende seriale Leistungen der Sequenzenbildung dargestellt.
- Sequenzenbildung gewährleistet die richtige Reihenfolge von Buchstaben/Silben/Worten und chronologisch korrekte wie (weitgehend) vollständige Erzählungen.

Situation / Tätigkeit des Kindes	Beobachtungen	Interpretationen
Kind erzählt spontan vom Nikolaus.	— Kind sagt: „Ni-laus".	— Kind kürzt das Wort auf 2 Silben, d. h., die Sequenzlänge ist noch nicht voll reproduzierbar.
	— Kind sagt: „Ni-las".	— Kind lässt eine Silbe aus; zusätzlich verändert es die 3. Silbe. Also auch innerhalb einer Silbe ist die Reproduktion mangelhaft.
	— Kind sagt: „Late-late-laus".	— Richtige Silbenanzahl, aber die ersten beiden Silben sind völlig verändert. Entspricht dem Niveau eines 2- bis 3-jährigen Kindes.
Kind malt ein Haus. Kommentiert sprachlich, was es malt.	— Kind sagt: „Das ist das Dach-haus." Es meint „Hausdach".	— Vertauschung der Reihenfolge der einzelnen Wörter im zusammengesetzten Begriff „Hausdach".
	— Kind sagt: „Hier ist das Zafschimmer". Es meint: „Schlafzimmer".	— Kind vertauscht innerhalb des langen Wortes einzelne Buchstaben. (Nur bedeutsam, wenn es kein üblicher Versprecher ist.) Es reproduziert die Buchstabensequenz fehlerhaft.
	— Kind sagt: „Da mal ich ein Feuerofen rein." Es meint: „Kaminfeuer".	— Vertauschung der Worte „Feuer" und „Ofen", zusätzlich nicht differenzierter Begriff („Ofen" statt „Kamin"), Sprachbegriff ist noch an konkret Wahrnehmbarem orientiert.
Kind wird aufgefordert, vom Ausflug in den Wald zu erzählen. Von den Vorbereitungen (Kuchen backen, Rucksäcke packen) über die Ereignisse im Wald (dem Jäger begegnet, Picknick gemacht, Ameisenhügel beobachtet, Pilze gesammelt) bis hin zum Heimweg, auf dem ihnen Reiter begegnet waren.	— Kind erzählt: „Wir haben uns auf die Bank gesetzt. Dann sind wir auf den Jägersitz gegangen. Dann hat's gewittert. Der Kuchen hat geschmeckt. Dann ist Eva runtergefallen. Zuerst haben wir den Rückenbeutel gepackt. Dann sind wir auf den Jägersitz. Dann haben wir auf dem Weg Steine gesammelt, bis wir im Wald waren. Dann sind wir heim."	— Der chronologische Ablauf der Ereignisse ist durcheinander (z. B.: Der Kuchen wurde auf der Bank gegessen, noch bevor es gewittert hat). Begriffe sind unpräzise (oft kann man den Sinn der Erzählung nicht richtig erfassen, wenn man die Ereignisse nicht selbst erlebt hat). Die Sätze sind kurz und einfach strukturiert (Satzsequenz ist kurz, keine Nebensätze). Wesentliche Ereignisse fehlen (Unvollständigkeit).
	— Ein anderes Kind erzählt: „Das war toll im Wald. Ich hab viele Tiere gesehen. Da waren Ameisen und Affen. Die Affen haben mir am besten gefallen. Aber die Pferde auch."	— Kind bringt 2 Ereignisse zu unterschiedlichen Zeitpunkten durcheinander: den Ausflug in den Wald und den Zoobesuch die Woche zuvor. Die zeitliche Einordnung der Ereignisse misslingt.

III. Beobachtungshilfen zu Wahrnehmungsbereichen

5. Visuelle Wahrnehmung

In unserer visuell ausgerichteten Welt ist die Reizaufnahme mit den Augen von größter Wichtigkeit. Dabei „sehen“ wir nicht mit den Augen; erst durch Verarbeitungsprozesse im Gehirn wird das darüber konstruierte Abbild unserer Umwelt „sichtbar“.

Sehen, schauen, betrachten, ins Auge fassen, besichtigen: Dies alles sind unterschiedlich intensive visuelle Wahrnehmungsprozesse, die verschiedene emotionale und motivationale Komponenten haben. Sehen können, d. h., die dingliche und belebte Umwelt erkennen, identifizieren und unterscheiden, Bewegungen und Orte erfassen und sich selbst in dieser Welt bewegen und angemessen verhalten zu können: Das alles erfordert ein hochkomplexes Seh-System. Nach M. Frostig und Erika und Anton Reinartz wird unter visueller Wahrnehmung „die Fähigkeit verstanden, optische Reize aufzufassen, zu unterscheiden, mit früheren Erfahrungen zu verbinden und zu interpretieren" (Reinartz/Reiser 1979, S. 10). Damit ist schon ausgedrückt, dass Sehen gelernt werden muss. Es kommt auf eine aktive Erarbeitung der Seh-Welt an, die insbesondere vom motorischen System abhängig ist. Für eine ungestörte Entwicklung visueller Wahrnehmungsprozesse sind noch viele andere Bedingungen erforderlich, auf die ich hier jedoch nicht näher eingehen kann. Es sei lediglich auf die entscheidende Voraussetzung einer beidäugigen und schielfreien Reizaufnahme hingewiesen, die im Laufe der ersten drei Lebensjahre den Aufbau der Gehirnstruktur zur räumlichen Wahrnehmungsfähigkeit ermöglicht.

Zur Psychologie des Sehens

Obgleich beim Neugeborenen die Augäpfel, die extra-okularen Muskeln und die Gehirnnerven noch nicht ausgereift sind, verfügt das Kind über erstaunliche visuelle Leistungen. Der gesamte Wahrnehmungsapparat ist so angelegt, dass Reize, die von Menschen ausgehen, bevorzugt verwertet werden. Das Neugeborene kann im Abstand von ca. 20 cm einigermaßen scharf sehen; es kann Blickkontakt halten (also fixieren), wenn auch noch etwas mühsam; es kann Bewegungen verfolgen (sofern es sich um menschliche Signale handelt); es kann Farben unterscheiden; es sucht mit den Augen Gegenstände, Formen, Bilder ab, zwar noch unbeholfen, aber es tastet bereits markante Punkte ab, und es bevorzugt komplexe und kontrastreiche Muster gegenüber einfachen.

Viele Leistungen sind also angeboren, zumindest in den Grundzügen, und werden nun durch Reifungsprozesse und die fortschreitende motorische Entwicklung ausdifferenziert. Durch die Verbindung des Sehens mit Tätigkeiten wie Greifen, Betasten, Betreten usw. entstehen die intermodalen Verknüpfungen auf neurophysiologischer Ebene; die schon recht komplexen visuomotorischen Koordinationsleistungen treten auf. Durch ständiges Wiederholen der motorischen Aktivitäten in Koppelung mit dem Sehen erlangt das Kind mehr Sicherheit, sich in der Welt zu bewegen und die Dinge immer differenzierter und rascher zu handhaben. Das Verhalten des Körpers wird sozusagen vom Sehen bestimmt, oder – umgekehrt betrachtet – das Sehorgan wird zum Verhaltensorgan.

Kein Wunder also, wenn Kinder mit visuellen Wahrnehmungsstörungen oftmals tollpatschig, ungelenk, unsicher und zurückhaltend sind. Aktivitäten wie Malen und Puzzeln, gestaltender Umgang mit Legosteinen etc. treten zeitlich verzögert auf oder werden nicht „gut" ausgeführt. Treppen steigen und heruntergehen, das Benutzen der Rutschbahn, schaukeln und klettern werden eher gemieden oder mit großer Angst und Vorsicht ausgeführt.

Unter visueller Wahrnehmung versteht man die Fähigkeit, optische Reize aufzufassen, zu unterscheiden, mit früheren Erfahrungen zu verbinden und zu interpretieren.

In der serialen Phase der Wahrnehmungsentwicklung kommt es zu höheren Leistungen unter der Führung des visuellen Sinnessystems. Es handelt sich hierbei um Teilleistungen wie zum Beispiel:

- Nachahmungen, womit „Lernen am Model" ermöglicht wird
- visuelles Vorstellungsvermögen, das ein Denken in Bildern in Vergangenheit und Zukunft möglich macht
- visuelle Gedächtnisleistungen hinsichtlich Orten, Mengen, Farben, Bildern usw.
- Kreativität (ist abhängig vom Vorstellungsvermögen)
- geistige Kombinationsfähigkeit
- Erkennen von Zusammenhängen, von Unterschieden und Gemeinsamkeiten
- das Zergliedern eines Ganzen in Teilelemente und umgekehrt das Erfassen des Ganzen aus seinen Teilen heraus (z. B. Puzzles legen)
- das Erkennen einer zeitlich geordneten Reihenfolge (z. B. auf Fotos dargestellte Ausflugszenen oder Feierlichkeiten chronologisch ordnen)

- Reihenfolgen/Handlungsketten vollständig produzieren (z. B. sich anziehen, den Tisch decken) oder unvollständige Reihen ergänzen (z. B. erkennen, dass ein Besteckteil fehlt, und dieses nachträglich auflegen)
- Unterstützung der Sprachentwicklung (z. B. sprachliches Verständnis)
- Unterstützung der Intelligenzentwicklung: typische Denkstrategien wie Differenzieren, Analysieren und Synthetisieren setzen ein planvolles Vergleichen von Einzelheiten voraus (visuell, akustisch und taktil-kinästhetisch).

Wie alle Wahrnehmungsprozesse wird auch die visuelle Wahrnehmung von augenblicklicher Emotion und Motivation geleitet. Wir alle wissen, dass beispielsweise das, was wir sehen und hören wollen, auch wirklich bis ins Bewusstsein durchdringt. Speziell die visuelle Wahrnehmung wird zusätzlich von bestimmten Gestaltungsprinzipien beeinflusst, die aus der Gestaltpsychologie bekannt sind. Diese Gestaltungsprinzipien (z. B. Vollständigkeit) sind stark abhängig von Alter und Kultur.

In den folgenden Beobachtungshilfen habe ich eine Auswahl von visuellen Leistungen bzw. Störungen und möglichen Erscheinungsbildern getroffen.

Augenbeweglichkeit / Visuelles Verfolgen von Bewegungen

Situation / Tätigkeit des Kindes	Beobachtungen (Wie tut es das Kind? Wie verhält es sich?)	Interpretationen (Hinweise auf Störungen in ...)
Rhythmikreif mit rollender Kugel: Kind soll jeweils die Kugel anstoßen, wenn sie direkt an ihm vorbeirollt.	— Kind „verpasst“ die Kugel regelmäßig, es reagiert viel zu spät mit der Hand.	— Auge-Hand-Koordination ist auffällig. Zwei mögliche neuropsychologische Gründe: 1) Die Übertragung der visuell wahrgenommenen Kugel in die Motorik geschieht verlangsamt. 2) Die Augen verfolgen die Kugel nicht kontinuierlich, sondern „hinken“ in größeren Sprüngen hinterher (Störungen der Augenbeweglichkeit), evtl. als Zeichen mangelnder Integration frühkindlicher Reflexe.
	— Kind bewegt den Kopf auffällig stark in Rollrichtung der Kugel mit.	— Augenbeweglichkeit ist eingeschränkt, sodass die Kopfdrehungen unbedingt notwendig sind, um die Kugel „im Auge behalten“ zu können.
Kind spielt mit Kugelbahn, die am Ziel eine kleine Glocke erklingen lässt.	— Kind setzt die Kugel nicht gezielt ins Startloch, sondern muss dies länger probieren, obwohl es genau hinschaut.	— Auge-Hand-Koordination misslingt.
	— Kind setzt die Kugel zielsicher ins Startloch. Augen bleiben oben am Ausgangspunkt der rollenden Kugel „haften“, verfolgen die Kugel also nicht. Die Augen „springen“ jeweils eine Etage tiefer, wenn durch das Herunterfallen der Kugel von einer auf die nächste Etage ein lautes Klick-Geräusch entsteht.	— Augenbeweglichkeit ist eingeschränkt. Die auditive Wahrnehmung steuert die Motorik der Augäpfel, sodass jedes Mal ein kurzfristiges Fixieren möglich ist. Überkreuzen der körpereigenen Mittellinie mit den Augen ist möglich, da sie sowohl nach rechts als auch nach links zum Beginn einer jeden Etage „springen“ können.
	— Die Augen bleiben oben am Ausgangspunkt haften, „springen“ in einem einzigen Schritt nach unten zum Endpunkt, wenn die Glocke ertönt.	
	— Die Augen des Kindes irren unsystematisch über die verschiedenen Etagen der Bahn.	— Störung der Augenbeweglichkeit.

Visuelles Verweilen

- Ermöglicht sich vielfach wiederholende Eindrücke, die sich besser speichern lassen (Gedächtnis)
- Erleichtert das Erfassen von Einzelheiten oder charakteristischen Punkten einer Form/Gestalt sowie das Vergleichen von Formen/Gestalten
- Ermöglicht das Erfassen von Gesamtheiten (Überblick, ganzheitliches Erfassen) eines Bildes, Raumes oder eines Handlungsablaufs

Situation / Tätigkeit des Kindes	Beobachtungen (Wie tut es das Kind? Wie verhält es sich?)	Interpretationen (Hinweise auf Störungen in ...)
Bilderbuchbetrachtung	— Sören blickt nur kurz auf jede Seite, greift einen für ihn interessanten Ausschnitt oder Gegenstand heraus: Deutet auf den Laster, dem ein Rad fehlt. Sagt: „Der hat einen Platten." – Blättert dann sofort um.	— Die Verweildauer ist zu kurz. Sören sucht sogleich wieder nach neuen Reizen (Reizhunger) oder aber verweilt nicht, weil die Augen nicht genügend abtasten und ihm somit auch kein weiteres interessantes Detail „in den Blick" fallen kann.
Erzieherin macht das Fingerspiel „Das ist der Daumen, der schüttelt die Pflaumen ..." vor. Die Kinder sollen es anschließend nachahmen.	— Sören betrachtet die Hand- und Fingerbewegungen der Erzieherin bis zum Mittelfinger, wendet dann den Blick ab, sucht mit den Augen im Raum umher, wobei er den Kopf mitdreht. Durch kurze Aufforderungen der Erzieherin kann seine Aufmerksamkeit für wenige Sekunden wiedererlangt werden.	— Die Verweildauer ist viel zu kurz. Durch gezielte Aufforderungen oder Motivierungen kann Sörens Aufmerksamkeit immer wieder, jedoch nur für wenige Sekunden, erreicht werden.

Visuelle Figur-Grund-Wahrnehmung (F-G-W)

- Fähigkeit, aus einem belebten oder strukturierten Hintergrund die für die jeweilige Situation bedeutsamen Teilelemente herauszuheben, d.h. zur Figur zu machen. Nach Frostig beinhaltet die F-G-W „die Fähigkeit, sich jeweils auf den wichtigsten Reiz zu konzentrieren".

Situation / Tätigkeit des Kindes	Beobachtungen	Interpretationen
Einzelarbeit: Bilderbuchbetrachtung „Das Leben auf dem Bauernhof". Erzieherin fragt das Kind: „Wo ist der Hofhund? Zeig ihn mir bitte."	— Sarah bemüht sich sehr, braucht auffallend lange, bis sie den Hund entdeckt hat und zeigt.	— Die F-G-W ist nur verzögert möglich. Entweder ist das visuelle Abtasten des Bildes durch eine Augenbeweglichkeitsstörung beeinträchtigt und/oder die zentrale Verarbeitung der eintreffenden Impulse ist verlangsamt.
	— Karin findet den Hund nicht auf Anhieb. Sie möchte sofort und ganz ungeduldig umblättern. Erst nach mehrmaligen Aufforderungen, doch den Hund zu suchen, schaut sie genau hin und findet ihn auch.	— Kein systematisches Suchen (als kognitive Strategie), kein Verweilen; evtl. als Folge eines Misserfolgserlebnisses oder als Ausdruck einer Wahrnehmungsentwicklungsstörung.
	— Martin findet den Hund nicht, deutet wahllos auf verschiedene Tiere, lacht dabei.	— F-G-W misslingt. Martin „weiß" um seine Fehler, überspielt die Situation.
Erzieherin gibt jetzt den Hinweis, dass Hofhunde meist „große Hunde" oder „Schäferhunde" sind.	— Sarah erfasst den Hund jetzt wesentlich schneller, aber immer noch etwas verzögert. — Karin entdeckt den Hund jetzt rasch.	— Bei Karin und Sarah hilft die visuelle Vorstellung (= Schäferhund als bekanntes Tier), die geforderte Figur rascher herauszufiltern.
	— Martin kann den Hund immer noch nicht herausfiltern.	— F-G-W misslingt.

Situation / Tätigkeit des Kindes	Beobachtungen (Wie tut es das Kind? Wie verhält es sich?)	Interpretationen (Hinweise auf Störungen in ...)
Erzieherin erklärt Martin, dass Hofhunde meist irgendwo, ganz faul, draußen im Hof liegen. Erzieherin umfährt mit dem Finger den Hofbereich.	— Martin sucht jetzt gezielt diesen Bildausschnitt ab. Der Blick bleibt am Traktor hängen. Er sagt: „Ich bin auch schon mal Traktor gefahren. Mit meinem Opa!“ Erzieherin fordert Martin auf, weiter nach dem Hund zu suchen. Martin entdeckt jetzt die Katze, die den Hof überquert. Er erzählt nun von seiner Katze.	— Durch die Eingrenzung des Bildausschnitts müssen die Augen nicht so viel Fläche auf einmal und so viele Einzelheiten abtasten. Martin filtert jetzt für ihn subjektiv bedeutungsvolle Objekte heraus (von Motivation geprägte Verarbeitungsprozesse). Die Konzentration auf die geforderte Figur (= Hund) geht verloren (visuelle Ablenkbarkeit oder das Kind verliert sich in unangemessenen Aktionen).
Erzieherin fordert Martin auf, mit dem Finger den Hund zu suchen und ihn zu erschrecken.	— Martin entdeckt so schließlich den Hund.	— Der abtastende Finger hilft, die Konzentration wie auch die Augenbewegungen beim Abtasten des Bildes zu unterstützen. Auch wird die Motivation, den Hund zu suchen, durch die für ihn reizvolle Aufgabe (erschrecken) erhöht, was ebenfalls der Konzentration dienlich ist.
Visuelles räumliches Orientierungs- und Vorstellungsvermögen		
▬ Visuelle räumliche Orientierungsfähigkeit entwickelt sich auf der Basis von taktil-kinästhetischen Erfahrungen in der Verknüpfung mit visuellen Reizen. Durch konkrete Erfahrungen mit dem eigenen Körper in seiner Stellung im Raum und der räumlichen Beziehung von Dingen in Bezug zum Körper sowie dem Körperbewusstsein erfassen wir intuitiv „oben-unten“, „vorne-hinten“, „rechts-links“ usw. Räumliche Orientierungsfähigkeit prägt stark das Verhalten und Denken, vor allem höhere Leistungen wie Rechnen, Schreiben, Lesen.		
Kind malt ein Männchen.	— Tim malt Körperteile an die falsche Stelle; der Mund liegt beispielsweise über der Nase oder die Arme sind am untersten Teil des Bauches angesetzt etc.	— Vermutlich ist das Körperbewusstsein mangelhaft entwickelt. Das Kind kann so nicht zur Vorstellung über das „Wo“ der Körperteile in Bezug zueinander gelangen.
Kind malt ein Haus mit Kamin, Fenstern und einer Haustür mit großem Griff.	— Der Türgriff wird in die rechte obere Ecke der Türe gemalt. — Der Schornstein sitzt auf einer Hauswand statt auf dem Dach. — Ein Fenster wird sogar außerhalb des gemalten Hauses platziert.	— Die Vorstellung davon, wo sich die einzelnen Elemente am Haus oder der Tür befinden, weist erhebliche Schwächen auf.
Mehrere Kinder bauen eine Höhle oder Hütte mit Polsterteilen, Matratzen, Bettlaken, Seilen und Wäscheklammern; Tim ist dabei.	— Die Kinder (Tim schaut nur zu) legen eine Matratze mit der Längsseite an der Wand entlang auf den Boden. Tim hebt sie hoch und stellt sie hochkant an die Wand, sie fällt jedoch wieder zu Boden, da sie zu steil stand. Tim macht den gleichen Fehler nochmals, schließlich lässt er sie liegen.	— Tim hat eine Vorstellung davon, „eine Wand“ zu bauen. Er kann jedoch zwischen Wand und Matratze nicht den richtigen Bezug herstellen, d. h. diese in einem leichten Winkel an die Wand lehnen.
Hans fordert Tim verbal und gestisch dazu auf, Tücher für das Dach herbeizuholen.	— Tim holt die Bettlaken aus der Truhe. Er greift ein Tuch, wirft es über die rechte Seitenwand, ohne auf Länge und Breite des Tuches zu achten.	— Tim hat nicht nur ein mangelndes Vorstellungsvermögen von Längen- und Breitenverhältnissen der Gegenstände. Er hat vermutlich auch kein Bewusstsein vom Unterschied zwischen Länge und Breite.

Visuo-motorische Koordination (intermodaler Wahrnehmungsprozess)		
▬ Fähigkeit, gleichzeitig visuelle Wahrnehmungsprozesse mit taktil-kinästhetischen (motorischen) Wahrnehmungsprozessen koordiniert zu vollziehen. Dabei werden die Bewegungsabläufe meist vorwiegend durch die visuellen Informationen (in komplexen Rückmeldeschleifen) gesteuert. — Ermöglicht gezielte und sichere Bewegungsabläufe		
Zwei Kinder stehen sich gegenüber. Sie sollen sich einen Ball direkt zukicken.	— Erich fixiert den Spielpartner genau, schießt den Ball jedoch weit neben den Partner.	— Die Auge-Fuß-Koordination misslingt, sodass die Bewegungsrichtung nicht zielgenau erfolgen kann.
An einem Strich entlangschneiden	— Erich weicht beim Schneiden immer wieder erheblich vom Strich ab, setzt Schere jedoch wieder neu auf dem Strich nach und korrigiert so. — Astrid bemüht sich, während der ersten 2–3 cm der Linie direkt darauf zu schneiden. Sie hat große Mühe, weicht erheblich ab, setzt Schere nicht korrigierend nach, sondern schneidet weiter. Entfernt sich immer mehr vom Strich; schließlich schneidet sie „ihre eigenen Wege“, ohne den Strich zu beachten.	— Visuo-motorische Koordination gelingt bei dieser – auch motorisch schwierigen Tätigkeit – noch nicht gut. Er bemerkt die Abweichung und kann richtig korrigieren. — Erhebliche visuo-motorische Koordinationsstörung. (Der rein motorische Ablauf, nämlich die Hand-Hand-Koordination, sowie der rasche Wechsel von Auf- und Zudrücken der Schere gelingt ihr schon automatisch. Das Misslingen weist auf eine Störung in der intermodalen Entwicklungsstufe hin.)
Freispiel im Gruppenraum und Flurbereich. Im Flur steht ein Bollerwagen.	— Peter stößt sich häufig an den Tischkanten oder Stühlen, obwohl genügend Platz zum Ausweichen vorhanden ist. — Peter eilt durch den Flur und bleibt mit einem Fuß an einem Rad des Bollerwagens hängen, sodass er zu Boden fällt.	— Peter verwertet die visuellen Informationen über die Hindernisse nicht sinnvoll oder nicht rasch genug. D. h., der Verarbeitungsprozess im ZNS verläuft verzögert oder misslingt.

Visuo-motorische Übertragung (intermodale und seriale Wahrnehmungsprozesse)		
▬ Fähigkeit, visuelle Wahrnehmungen in die Motorik zu übertragen, wobei die visuellen Informationen den motorischen Handlungen zeitlich vorgeschaltet sind — Ermöglicht Lernprozesse wie Nachahmungsleistungen und Signal-Lernen — Ermöglicht nonverbale Kommunikation und Interaktion, z. B. Befolgen von gestisch vermittelten Anweisungen — Ermöglicht rasche Reaktionsfähigkeit hinsichtlich Veränderungen/Informationen aus der Umwelt		
Die Erzieherin zeigt den Kindern, wie man aus Papier einen Drachen faltet.	— Martin hat zwar genau aufgepasst, kann jedoch keinen einzigen Teilschritt des Faltens nachvollziehen.	— Die Nachahmungsleistung (in Form einer visuo-motorischen Übertragung) misslingt. Vielleicht hat er auch die Abfolge der Teilschritte (als seriale visuelle Leistung) vergessen, sodass er – im Bewusstsein dessen – gar nicht erst damit anfängt.
Während die Erzieherin ein Bewegungslied vorsingt und gleichzeitig die Bewegungsmuster vormacht, sollen die Kinder die Bewegungen nachahmen.	— Martin beherrscht ganz einfache Bewegungsmuster, wie z. B. mit den Armen einen großen Kreis als Zeichen für die Sonne bilden. Komplexere Bewegungsmuster, wie z. B. „Wellen“ durch koordinierte Schlängelbewegungen der Arme bei leicht nach vorn gebeugtem Oberkörper, kann er nicht nachahmen.	— Die Übertragung der visuell wahrgenommenen Bewegungsabläufe gelingt, sofern es sich um relativ einfache Nachahmungsleistungen handelt. — Die Übertragung misslingt bei Bewegungsabläufen, die eine höhere Körperkoordination und/oder seriale Abläufe erfordern.

III. Beobachtungshilfen zu Wahrnehmungsbereichen

6. Aufmerksamkeit und Konzentration

Wenn ein Vorschulkind wenig Interesse zeigt oder sich nicht hin und wieder ausdauernd alleine beschäftigen kann, sollten Eltern und pädagogische Fachkräfte aufmerksam werden.

Wahrnehmungsstörungen haben häufig Auswirkungen auf Aufmerksamkeits- und Konzentrationsvermögen und umgekehrt. Es geht dabei hauptsächlich um Störungen der Wahrnehmungsentwicklung, die die Fähigkeit zur Reizselektion, die Figur-Grund-Wahrnehmung und die serialen Wahrnehmungsprozesse betreffen. Selbstverständlich können Konzentrationsstörungen viele andere Ursachen aufweisen, auf die hier jedoch nicht näher eingegangen wird. Die knapp dargestellten Theoriekonzepte zur „Konzentration" sollen die Einordnung der Wahrnehmungsanteile und der in der Beobachtungshilfe herausgegriffenen Aspekte erleichtern.

Aspekte von Konzentration

In der Psychologie gibt es bezüglich der Beschreibung von Konzentration unterschiedliche Standpunkte, die eine einheitliche und allumfassende Definition unmöglich machen. Vereinfacht ausgedrückt lässt sich Konzentration als über längere Zeit aufrechterhaltene Aufmerksamkeitszuwendung und Aufmerksamkeitskontrolle verstehen.
Es werden verschiedene Funktionen der Aufmerksamkeit unterschieden: Aufmerksamkeitsaktivierung (Erregung, Wachheit), Aufmerksamkeitsausrichtung (Orientierung, Selektion) und die während einer Handlung ausgeübte Aufmerksamkeitskontrolle (sog. inneres Monitoring). Sinnesreize und Verarbeitungsprozesse stellen für alle drei Aufmerksamkeitsfunktionen die Grundlagen dar. Aufmerksamkeitsfunktionen sind außerdem Basisleistungen, die für verschiedenste andere Leistungen wie Konzentration, Ausdauer, Gedächtnis, Sprache, Sozialverhalten Voraussetzung sind. Konzentration wird üblicherweise unter drei großen theoretischen Gesichtspunkten betrachtet: Selbstkontrolle und Willenshandlung, Reizselektion und Aktivierung des ZNS. In diesem Zusammenhang sei auf die besondere Bedeutung serialer Wahrnehmungsprozesse und Merkfähigkeit hingewiesen.

Selbstkontrolle und Willenshandlung

Bei diesem Aspekt handelt es sich um eine gerichtete Aufmerksamkeit, die in Abhängigkeit zur Fähigkeit zur Selbststeuerung und dem Willen steht. Zur Selbstkontrolle zählen die wesentlichen Formen der Informationsverarbeitung (sog. kognitive Denkstile), nämlich Impulsivität und Reflexivität.
Ein Kind, das impulsiv handelt, geht vorschnell an eine Aufgabe heran bzw. kann nicht abwarten, bis es an der Reihe ist, oder beginnt mit dem Nächsten, ohne das Begonnene zu Ende geführt zu haben. Leichtsinnsfehler, Regelverstöße im sozialen Kontakt und Fehler, die durch ein „Vergessen" der Anwendung von bekannten Regeln zustande kommen, sind häufig.
Ein typisches Beispiel für „Regelvergessen" stellt das Verhalten der „unordentlichen" Martina dar: Ganz gleich, was Martina tun möchte, sie räumt die alten Dinge nicht zuvor weg. Völlig ungeachtet der Gegenstände legt sie beispielsweise den Malblock einfach darauf und beginnt sofort zu malen. Die Erzieherin ermahnt sie jedes Mal, erst den Tisch leer zu räumen, Martina antwortet gereizt „Weiß ich doch".
Die Arbeitshaltung ist also nicht nur von der Motivation, Erziehung usw. abhängig, sondern auch von der Fähigkeit zur Selbstkontrolle. Diese ist uns teils angeboren, wird größtenteils aber durch weitere Reifungs- und Lernprozesse über Kindheit und Jugend hinweg erworben und ist in der Regel überdauernd. Impulsiv handelnde Kinder werden beschrieben mit Begriffen wie unkonzentriert, hektisch, chaotisch, unordentlich. Im Gegensatz zum impulsiven Kind überlegt ein reflexiv handelndes Kind bei Aufgabenstellungen oder in sozialen Problemsituationen zunächst, es überdenkt die Lage, reflektiert Lösungsalternativen, geht systematisch und geordnet vor. Es würde folgerichtig als „Kind mit guter Konzentrationsfähigkeit" beurteilt.

Die Fähigkeit zur Selbststeuerung setzt die Fähigkeit zur Reizselektion und eine weitgehend ungestörte seriale Wahrnehmungsentwicklung voraus.

Die Fähigkeit zur Selbststeuerung setzt u. a. zwei grundlegende Wahrnehmungsprozesse voraus:
1. die Fähigkeit zur situationsangemessenen Reizselektion (inkl. Fähigkeit zu flexiblem Wechsel der Aufmerksamkeitszuwendung) und
2. eine weitgehend ungestörte, altersangemessene seriale Wahrnehmungsentwicklung.

Reizselektion und Figur-Grund-Wahrnehmung

Wahrnehmung ist immer ein aktiver Prozess der Verarbeitung der Sinnesreize. Einer der Verarbeitungsprozesse besteht im Herausfiltern (Selektion) von Reizen, die momentan unwichtig und uns daher nicht bewusst sind.
Gleichzeitig beinhaltet der Selektionsprozess das Herausheben von

Reizen, die für die Situation bedeutungsvoll sind und uns bewusst werden. Wir sprechen in diesem Fall auch von Figur-Grund-Wahrnehmung. Diese ermöglicht uns zum Beispiel, dass wir einen Redner in einem Raum mit hoher Geräuschkulisse (= Hintergrund) hören und verstehen. Die gesprochenen Worte sind akustische Reize, die aus der Vielzahl anderer akustischer Reize (Geräuschkulisse), aber auch visueller und (eigener) taktil-kinästhetischer Reize herausgefiltert werden. Ist die F-G-W geschwächt, bedarf es erhöhter Aufmerksamkeitsleistungen, die rasch zu Ermüdung führen. Die Konzentrationsspanne ist dadurch herabgesetzt.

Jede Aufmerksamkeitsleistung ist abhängig vom Grad der Aktivierung bestimmter Hirnregionen.

Die Reizselektion ist unabdingbare Voraussetzung für:

- zielgerichtete Aufmerksamkeit
- längerfristige gelenkte Aufmerksamkeit
- sinnvolles Erfassen/Verstehen von relevanten akustischen, optischen und taktil-kinästhetischen Reizen

Aussagen über Kinder mit Filterschwächen sind beispielsweise: unkonzentriert, träumerisch, kann das Wesentliche nicht vom Unwesentlichen unterscheiden, verliert rasch den roten Faden/das Interesse, ist unruhig, überdreht.

Aktivierung

Jede Aufmerksamkeitsleistung ist abhängig vom Grad der Aktivierung bestimmter Hirnregionen, wobei der Frontallappenbereich der Großhirnrinde eine besondere Rolle spielt. Die qualitativ besten (Konzentrations-)Leistungen werden bei mittlerem Aktivierungsniveau erzielt. Ist es zu niedrig, wie bei Langeweile, fehlender Motivation, oder zu hoch, wie bei Überforderung, Versagensängsten, sind die Leistungen geringer und Konzentrationsfehler häufiger. Neuropsychologische Forschungen haben gezeigt, dass bei einem Teil der sogenannten hyperaktiven Kinder Stoffwechselstörungen in bestimmten Hirnregionen das Aktivierungsniveau zu niedrig halten. Die paradox erscheinende Behandlung unruhiger Kinder mit stimulierenden Mitteln kann daher hilfreich sein. Das Aktivierungsniveau des ZNS ist beispielsweise von organischen Faktoren (Genetik, Hirnreifung, Hirnschädigung, motorische Aktivität und Mobilität u. a. m.), von der psychischen Grundbefindlichkeit (z. B. bedrückte oder ausgeglichene Stimmung), der momentanen Emotion, Motivation und der Wahrnehmungsentwicklung abhängig. Kinder mit Störungen des Aktivierungsniveaus im ZNS wirken oft hektisch, unkonzentriert, stürmisch oder wenig ausdauernd, rasch ermüdbar oder verträumt oder auch im Denken und Handeln etwas verlangsamt.

Seriale Wahrnehmungsprozesse

Seriale Wahrnehmungsprozesse ermöglichen u. a. folgende Leistungen:

- eine zeitliche Einordnung von Reizabfolgen wie das Erfassen von Tages- und Jahreszeiten oder das Verständnis sprachlicher Zeitbegriffe wie „vorher“, „abends“, „mittags“, „gestern“, „später“,
- eine Handlungskette geordnet und vollständig zu vollziehen wie z. B. sich richtig anzuziehen, den Tisch vollständig zu decken, ein Ereignis chronologisch zu erzählen, etwas vorausplanend zu tun (z. B. alle Materialien für ein Bastelwerk zusammenzusuchen, den Turnbeutel zu richten usw.),
- rasche Speicherung von Erfahrungen und Lerninhalten; erst wenn Zusammenhänge erfasst werden oder ein Sinn erkannt wird, ist die kurz- und langfristige Speicherung möglich,
- sich etwas vorstellen zu können; Fantasie zu haben.

Für den reflexiven Denkstil bildet die Serialstufe die Basis, auf der sich komplexe kognitive Prozesse wie das planvolle Vorgehen usw. vollziehen können. Seriale Störungen können verschiedenste Arten von Konzentrationsschwäche bedingen. Kinder mit serialen Störungen wirken oft unkonzentriert, wenn sie durcheinander erzählen, Aufträge nicht erfassen oder Teile vergessen. Sie sind wenig ausdauernd im Spiel, da sie aus Mangel an Vorstellungsvermögen rasch das Interesse verlieren oder nicht weiterwissen. Diese Kinder wirken oft sprunghaft und werden auch als ablenkbar bezeichnet.

Fassen wir zusammen: Konzentration ist im Wesentlichen ein aktiver, zielgerichteter Verarbeitungsprozess, der die Aspekte der Selbstkontrolle, der Reizselektion, der Aktivierung im ZNS und der serialen Wahrnehmungsfähigkeit beinhaltet. Bei Auftreten von Konzentrationsschwächen ist es demzufolge sinnvoll, Teilaspekte näher abzuklären. Erst aus der psychologischen Differenzialdiagnostik können dann gezielte Hilfestellungen in Alltagssituationen und spezielle Fördermaßnahmen abgeleitet werden.

Reizselektion / Figur-Grund-Wahrnehmung		
Situation / Tätigkeit des Kindes	**Beobachtungen (Wie tut es das Kind? Wie verhält es sich?)**	**Interpretationen (Hinweise auf Störungen in ...)**
Erzieherin und Kinder stehen am Straßenrand an einer Fußgängerampel. Erzieherin erklärt, wie sich die Kinder zu verhalten haben und wie die Ampel funktioniert.	— Nadja hört interessiert zu, schaut Erzieherin an. Ab dem 3. Satz der Erzieherin fragt sie oft dazwischen, wobei die Fragen sinnvoll sind und zum Thema gehören. Noch mitten in den Erklärungen wendet sie sich ihrer Nachbarin zu und fragt: „Weißt du, wie das geht?" Das Mädchen zuckt mit den Schultern, lässt sich weiter nicht stören. Nadja dreht sich jetzt zu Sören um, der hinter ihr stehend Martin Witze erzählt. Nadja lacht mit.	— „Konzentrationsstörungen" aufgrund einer auditiven Figur-Grund-Wahrnehmungsschwäche. Das Zuhören strengt Nadja an; sie muss sich aktiv darum bemühen, das Gesprochene aus der Geräuschkulisse des Verkehrs herauszufiltern und damit zu verstehen. (Daher die häufigen Fragen, die ja durchaus Interesse bezeugen.) Da Nadja keine Antwort von ihrer Nachbarin erhält, verliert sie so den Anschluss. Der Sinn geht verloren, damit auch das Interesse.
Erzieherin ermahnt: „Nadja, pass doch bitte auf! Würdest du zuhören, müsstest du nicht ständig fragen."	— Auf die Ermahnung reagiert sie nur kurz, indem sie für ca. 10 Sekunden wieder der Erzieherin zuhört. Dann geht sie zu Anne, die ganz hinten steht, und zeigt ihr die Steine, die sie in der Hosentasche hat.	— Nadja ist zwar willig, kann jedoch nur für kurze Zeit zuhören. Entweder ermüdet sie rasch in der Selektionsfähigkeit oder verliert das Interesse aufgrund der Verstehensschwierigkeiten. Sie sucht eine andere Betätigung. (Sie ist also weder ablenkbar noch stört sie gerne noch will sie Aufmerksamkeit erlangen – wie dies fehlinterpretiert werden könnte.)
Erzieherin ruft die Kinder und fordert sie auf, nach draußen zum Spielen zu kommen. Timo und Stefan haben noch 3 Tassen zu spülen.	— Timo spült weiter, als hätte er nichts gehört. (Keine erkennbare Aufmerkreaktion!) Stefan dreht sich kurz zur Erzieherin um, trocknet die restlichen 3 Tassen ab. Dann eilt er in den Garten zu den anderen. Timo schaut sich orientierend um. Erst als er die anderen Kinder im Garten erblickt, geht er ebenfalls nach draußen.	— Timo wird aufgrund vieler solcher Beobachtungen als „in sich versunken" und „träumerisch" beschrieben. Dieses Erscheinungsbild ist durch eine Schwäche in der Reizselektion (Figur-Grund-Störung) bedingt. Selbst der neue prägnante Reiz erregt nicht die Aufmerksamkeit bzw. wird nicht zur Figur. Stefan dagegen gelingt dieser Wechsel in der Aufmerksamkeits-Fokussierung gut. Timo muss sich visuell die nötigen Informationen holen, da die akustischen nicht bis in sein Bewusstsein gelangten.
(Erzieherin sagt kurz vor der Verabschiedung: Morgen müsst ihr kein Vesper mitbringen. Ich habe Geburtstag und werde einen Kuchen für alle mitbringen.")		
Timo bringt jedoch am nächsten Tag sein Vesper mit. Erzieherin fragt: „Timo, hast du das gestern nicht gehört? Ich hab' euch doch gesagt, dass es heute Kuchen gibt."	— Timo antwortet: „Nein ...? Hast du das heute gesagt?"	— Schwäche in der Figur-Grund-Wahrnehmung; Timo hat daher die Information nicht mitbekommen. Evtl. zusätzlich seriale Wahrnehmungsschwäche, worauf die Unsicherheit in den Zeitbegriffen hindeutet. (Von einem bereits 6 Jahre alten Jungen könnte diese Leistung erwartet werden.)

Situation / Tätigkeit des Kindes	Beobachtungen (Wie tut es das Kind? Wie verhält es sich?)	Interpretationen (Hinweise auf Störungen in ...)
Die Kinder sitzen im Stuhlkreis und hören der Erzieherin zu, die eine Kurzgeschichte vorliest. Die Praktikantin räumt währenddessen die Papierschnipsel von der vorangegangenen Bastelarbeit auf.	— Maren klatscht in die Hände und ruft freudig: „Au ja“, nachdem die Erzieherin den Titel vorgelesen hat. Maren hört ca. 1 Minute konzentriert zu. Richtet dann ihren Blick auf die Praktikantin, die hinter ihr vorbeigeht, um den Papierkorb zu holen. Maren fragt sie: „Was machst du?“ Nachdem sie die Antwort erhalten hat, hört sie wieder zu, bis die Praktikantin die ersten Papierreste zusammenknüllt. Wieder schaut Maren ihr zu, steht auf, geht zur Praktikantin, knüllt Papier, sagt: „Ich helf dir.“ Während sie ein Stück Papier greifen will, sieht sie die Schere auf dem Tisch, nimmt diese und beginnt die Papierreste in viele kleine Schnipsel zu schneiden, die alle auf den Boden fallen.	— Maren kennt die Geschichte offensichtlich und freut sich darauf (hohe Motivation). Trotz hoher Motivation ist sie durch die Geräusche der Praktikantin ablenkbar. Sie widmet sich sofort dem Geschehen um sie herum (Schwäche der Fähigkeit zur Reizselektion). Lässt sich durch den visuellen Reiz (Schere) von ihrem Vorhaben ablenken (erhöhte Ablenkbarkeit durch visuelle und akustische Reize). Maren wirkt daher „sprunghaft“.
Seriale Wahrnehmungsschwäche		
Kinder sitzen im Stuhlkreis. Erzieherin hat das Märchen der Bremer Stadtmusikanten vorgelesen. Hans soll nun die Geschichte nacherzählen.	— Hans sagt: „Das war ein Märchen ...“ und erzählt nicht weiter. Erz.: „Weißt du noch, wie das Märchen hieß?“ Hans: „Ja, die Bremer Stadtmusikanten.“ Erz.: „Und was geschah da?“ Hans: „Da waren Räuber ... und ein Hund und eine Katze.“ Erz.: „Welche Tiere kamen da noch vor?“ Hans: „Weiß nicht ...“ Erz.: „Was haben die Tiere denn gemacht mit den Räubern?“ Hans: „Die haben Krach gemacht und gegessen.“	— Auditive seriale Merkfähigkeitsschwäche: Hans benötigt ständig Hinweisreize seitens der Erzieherin, damit er sich an einige Details erinnern kann. Die Geschichte an sich kann nicht erzählt werden, d. h., der Handlungsablauf ist nicht erinnerbar. Vermutlich ist die geschilderte Handlungskette zu lang, die Anzahl der Akteure zu hoch.
Mike wird aufgefordert, Hans zu helfen und zu erzählen.	— Mike überlegt lange, erzählt stockend: „Also da waren viele Tiere. Eine Katze, ein Hund und ein Esel. Die Räuber waren auch schon im Wald. Die haben ganz viel getrunken und gegessen. Das wollten die Tiere auch und haben sie erschreckt. Der Müller war ganz gemein. Der hat die Tiere schlachten wollen. Aber die sind einfach weggelaufen.“	— Seriale Merkfähigkeitsschwäche: Der zeitliche Ablauf der Geschichte gerät durcheinander, wichtige Details fehlen.
In der Turnstunde macht die Erzieherin folgende Übungsreihe vor: Zuerst auf allen vieren über die lange Sitzbank krabbeln. Am Ende aufstehen und rückwärts zum Ausgangspunkt zurück balancieren, dann seitwärts abspringen.	— Hannes krabbelt auf allen vieren über die Bank, steht auf und springt ab. — Iris balanciert gehend über die Bank, balanciert rückwärts zurück und springt dann ab. — Sabrina hüpft auf die Bank, vollführt „Kunststücke“, lacht und kaspert.	— Visuelle seriale Merkfähigkeitsschwäche: Die Handlungskette ist verkürzt. — Auch bei Iris ist die Handlungskette verkürzt, zudem ist der Anfang noch verändert bzw. vergessen. (Oft wird gerade der Anfang vergessen, während die zeitlich näherliegenden Informationen noch abrufbar sind.) — Sabrina kaspert vermutlich, um die Merkfähigkeitsschwäche nicht ersichtlich werden zu lassen. Möglicherweise vermeidet sie über das Kaspern die Aufgabenstellung aufgrund motorischer Schwierigkeiten.

Aktivierungsniveau des ZNS		
Die Kinder spielen frei im Gartengelände.	— Moritz schaukelt kräftig auf der großen Schaukel. Nach ca. 20 Sekunden, nachdem er gerade richtig in Schwung geraten ist, springt er unvermittelt ab. Eilt zum Kletterbaum, auf dem er bis zur Spitze hochklettert, nur 2 Stufen zurückklettert und dann auf den Boden hüpft. Eilt in die geöffnete Gartenhütte (sah, wie Erzieherin hineinging), kommt mit der Gartenhacke heraus, hackt 5-mal kräftig in den Rasen, wirft die Hacke im hohen Bogen weg, ohne die umstehenden Kinder zu beachten. Springt im Eiltempo zur Spielhütte, wo ein paar Mädchen „Besuch von feinen Damen" spielen. Moritz schreit: „Raus hier!"	— Mangelnde Ausdauer und motorische Unruhe, vermutlich als Folge einer Aktivitätsstörung im ZNS. Im Falle einer zugrunde liegenden zu hohen Aktivierung bedeuten die (heftigen) motorischen Aktivitäten keine „Abreaktion", sondern im Gegenteil eine zusätzliche Aktivierung. Moritz „überdreht" daher leicht, beobachtet Gefahrenreize für sich und andere nicht mehr. Im Falle einer zugrunde liegenden zu niedrigen Aktivierung führt sich Moritz über die schnellen und kräftig ausgeführten Tätigkeiten verstärkt Reize zu, quasi um das Defizit auszugleichen. Der rasche Wechsel der Aktivitäten kann im selben Sinn als ständige Reizsuche und Selbststimulierung interpretiert werden. Die chronische Über- oder Unteraktivierung verhindert ein planvolles Vorgehen oder Überlegen.
Impulsivität – Reflexivität		
Karen, Astrid und Erzieherin spielen ein Würfelspiel.	— Karen will nach jedem Spielzug der anderen Mitspieler sofort nach dem Würfel greifen oder auch direkt, nachdem sie selbst gerade gewürfelt hat. — Karen „erledigt" öfter für die anderen Mitspieler deren Züge, d. h., sie fährt mit dem Männchen von Astrid oder von der Erzieherin. Oder Karen deutet sofort auf das Zielfeld, auf das das Männchen von Astrid gehört, noch bevor diese ihr Männchen ergriffen hat.	— Impulsiver Handlungsstil: Karen kann nicht abwarten, bis sie an der Reihe ist, bis die Mitspieler in deren eigenem Tempo die Spielzüge erledigt haben. (Es geht ihr zu langsam.) Karen wirkt ungeduldig, hektisch, zerfahren.
Erzieherin will mit 8 Kindern, aufgeteilt in 2 Gruppen, 2 Picknickkörbe packen. Jede Gruppe hat 1 Korb. Die Kinder sollen die Nahrungsmittel, die auf dem Tisch liegen, gerecht aufteilen. Es gibt jeweils 8 Äpfel, Bananen und Brötchen, 2 Pckg. Schokoküsse, 2 Pckg. Butterkekse, 2 Fl. Saft und 2 Teekannen. Erzieherin sagt: „Passt bitte auf, dass nichts zerdrückt wird!"	— Karen fängt sofort an einzupacken, ohne sich mit den anderen abzusprechen. Sie greift eiligst alle Äpfel und Bananen, dann beide Packungen Schokoküsse, sodass diese zuunterst im Korb liegen. Darüber legt sie 2 Brötchen und alle Kekse. Zum Abschluss legt sie 1 Flasche Saft darüber und meint: „So, das reicht." Der Korb ist so voll, dass wirklich nichts mehr Platz hat und die Flasche sogar herausfallen kann.	— Impulsiver Handlungsstil: Karen ist nicht umsichtig genug, hat nur das Ziel (gefüllter Korb) vor Augen und beginnt planlos und ungeordnet einzupacken. Überlegt nicht, was zerdrückt werden könnte, und beachtet nicht die Anzahl der Dinge, obwohl sie fehlerlos bis 10 zählen kann und einen sicheren Mengenbegriff bis 5 hat. Beendet das Packen aufgrund der Tatsache, dass der Korb nichts mehr fassen kann, also nicht nach den vorgegebenen Kriterien (gerecht geteilt und von jedem etwas). In der Unbedachtheit bemerkt Karen auch nicht, dass die Flasche leicht herausfallen kann.

IV. Wahrnehmungsprozesse im Alltag anregen

Die Wahrnehmungsentwicklung von Kindern vollzieht sich im Alltag und in der Interaktion mit anderen. Deshalb können pädagogische Fachkräfte und Eltern vielerlei Anreize setzen und ein entwicklungsförderliches Klima schaffen.

Wahrnehmungsentwicklung im Alltag

Wahrnehmungsentwicklung anregende Aktivitäten im Kontakt mit dem Kind unterscheide ich deutlich von üblichen Förder- und Trainingsprogrammen. Förderprogramme sind beispielsweise die „Sensorisch Integrative Therapie“ nach Jean Ayres oder die „Basale Stimulation“ nach Andreas Fröhlich, Methoden der Psychomotorik, das vom Institut für Neuro-Physiologische Psychologie (INPP) entwickelte Training bei neuromotorischer Unreife (vgl. Goddard 2013) oder spezifische Trainingsprogramme zur Schulung der phonematischen Bewusstheit. Sie bleiben den speziell dafür ausgebildeten Fachkräften vorbehalten, die jeweils nach differenzierter Diagnostik ein individuelles Therapiekonzept erstellen. Im gegebenen Fall empfiehlt es sich, unter Anleitung oder Beratung eines Spezialisten gezielte Förderangebote und Spielaktivitäten mit dem Kind zur Unterstützung durchzuführen.

Hier möchte ich auf die für die Wahrnehmungsentwicklung günstigen Bedingungen hinweisen, die im natürlichen Miteinander im Lebensalltag, in der Kita oder in der Familie, gegeben sind. Dies gilt für alle Kinder, in ganz besonderem Maße jedoch für Kinder, die Auffälligkeiten in der Wahrnehmungsentwicklung aufweisen. Durch entsprechende Anreize können Kompensationsmöglichkeiten über andere intakte Sinnesbereiche und Linderung der speziellen Störungen bewirkt werden.

Die folgenden Hinweise zur Entwicklungsanregung gehen von den Entwicklungsprinzipien des Gehirns und von entwicklungspsychologischen Erkenntnissen aus.

Beziehungen positiv gestalten

Belohnungseffekte

Nichts wirkt entwicklungsförderlicher als eine positive Beziehungsqualität zwischen Kind und Bezugsperson. Der Mensch wird als soziales Wesen geboren und ist von seiner Wahrnehmungsfähigkeit her von Geburt an bestens für soziale Interaktionen ausgestattet. Aufmerksame Zuwendung, Blickkontakt, Ansprache, Körperkontakt, Anlächeln oder auch verbale Ansprache und melodische Betonung (z. B. „Ammensprache“) sind erste positive Bestärkungen eines Säuglings, die das dopaminerge Belohnungssystem im Gehirn aktivieren. Das heißt, bei Erfolg, Bestätigung und Bedürfnisbefriedigung werden vermehrt Dopamine (= Neurotransmitter) zur Erregungsübertragung an den Synapsen (Kontaktstellen der Nervenbahnen und Nervenzellen) ausgeschüttet, was einen stark belohnenden Effekt hat. Zeitlebens werden Dopamine bei Erfolgen ausgeschüttet, die den Belohnungs- oder Verstärkereffekt bringen. Bekanntermaßen wird daher unter Belohnungsbedingungen am besten gelernt und weit weniger oder gar nicht unter Bestrafungsbedingungen!

Persönlichkeits- und Sozialentwicklung

In einer „guten Interaktion“ beider Interaktionspartner herrscht von Geburt an auf intuitive Weise eine auf Gegenseitigkeit beruhende Wechselwirkung positiver Bestätigungen sozialer Signale wie auch der jeweils passenden Reaktionen/ Antworten. Gezeigte Freude und das emotionale Mitschwingen in der Interaktion mit dem Kind, die eigene emotionale Reaktionen (z. B. Neugierde, Spannung, Freude) erkennen lassen, vermitteln Wohlbefinden, das Gefühl, akzeptiert und geliebt zu sein, und gewährleisten Grundvoraussetzungen für eine sichere Bindungsentwicklung. Auch werden über Lächeln, positive Zuwendung und Lob seitens der Bezugsperson Anreize zu Eigenaktivität und sozialer Interaktion gesetzt. Über Einfühlungsvermögen und Widerspiegelung der Gefühle oder Probleme des Kindes erfährt es Unterstützung zur Überwindung von Schwierigkeiten, Ängsten usw., was einerseits Hilfen zur Selbstregulierung (d. h. zur besseren Verarbeitung intensiver oder unangenehmer Emotionen) bietet, andererseits gleichzeitig den Mut und die Neugierde zur Umwelterkundung stärkt. Die sprachliche Begleitung des Geschehens („kommentieren“, was gerade geschieht, und „aktives Zuhören“ = Widerspiegeln der emotionalen Befindlichkeit des Kindes) bewirken ein allmähliches Differenzieren der Gefühle und Wünsche sowie auch die Entwicklung empathischer Fähigkeiten.

Motivation und Konzentration

Emotionale Komponenten wie Wohlbefinden, Vertrauen, Sicherheit oder auch Spaß im gemeinsamen Tun steuern sowohl die Motivation des Kindes, etwas eigenaktiv in Gang zu setzen, als auch die Aufmerksamkeitsspanne und das Durchhaltevermögen.

Kommunikation und Autonomie

Desweiteren begünstigt eine positive Beziehung den Wunsch nach Kontakt und diesen angstfrei äußern zu können (Entwicklung des Sozialverhaltens), den Mut, in die Welt hinauszugehen, sich ein Stück weit und für einige Zeit von der Bezugsperson zu entfernen und eigene Eroberungen zu machen (Entwicklung von Autonomie). So wird beim Kind – neben dem Grundbedürfnis nach Bindungssicherheit – das explorative Verhalten, welches ebenfalls ein Grundbedürfnis darstellt, verstärkt. Dieses wiederum liefert eine Menge vielfältiger Sinneserfahrungen im natürlichen Lebenszusammenhang. Die Sinneserfahrungen regen die Entwicklung der Gehirnstruktur, vor allem die Dendriten- und Synapsenbildung, an, die für eine sinnvolle und schnelle Informationsverarbeitung erforderlich ist. Somit werden neuronale Netzwerke aufgebaut, über die erst bestimmte Funktionen oder Teilleistungen möglich sind. „Sinnvoll" ist die Verarbeitung gerade deshalb, weil die vielfältigen Sinneserfahrungen im Zuge einer Erkundung in einem lebensnahen Zusammenhang stehen.

Exploration und Selbstwirksamkeit

Letztendlich gelangt das Kind über seine explorativen Verhaltensweisen und Experimente im Umgang mit Materialien und seinen Bezugspersonen zu Erfolgen: Es erlebt, dass es auf die Umwelt Einfluss nehmen, etwas bewirken kann. Dergestalt baut sich allmählich die innere Überzeugung auf: „Ich kann etwas aus eigener Kraft bewirken." In der Psychologie wird dieses innere Konzept als „Selbstwirksamkeit" bezeichnet. Selbstwirksamkeit, als Überzeugung von sich selbst, gilt als einer der wesentlichen Schutzfaktoren, die helfen, spätere Belastungssituationen über die mit der Selbstwirksamkeit einhergehenden Fähigkeiten zur Erregungs- und Emotionsregulierung, zu Durchhaltevermögen und zu konstruktiven Problemlösungen besser zu bewältigen. Im Gegensatz dazu sind eine resignative Haltung, die innere Überzeugung, dass jedes eigene Bemühen sinnlos ist, oder Gefühle der Hilflosigkeit Risikofaktoren für die Entwicklung einer psychischen Symptomatik.

Eigene Lösungswege respektieren statt Lösungen vorgeben

„Versuche nach Plan" zulassen

Das Erkunden der dinglichen und sozialen Umwelt geschieht keinesfalls nach dem Versuch-Irrtum-Prinzip, sondern wohlüberlegt. Erste Erfahrungen mit einem neuen Gegenstand, beispielsweise einer Feder, werden meist „bedacht" und, durchaus den Eigenschaften des Materials angemessen, gestartet. Geschehen Missgeschicke oder gelingt etwas nicht, wird – auf der Grundlage der Sinnesinformationen Sehen, Spüren, Hören und bereits gespeicherter Erfahrungen – genau überlegt, woran das liegen könnte; erst daraufhin werden neue „Versuche" unternommen. Dabei handelt es sich in den meisten Fällen um „Versuche nach Plan". Die sinnlichen Erfahrungen werden ausgewertet, es wird wohlbedacht ausprobiert, ob die gleiche Handlung zum gleichen Ergebnis führt, ob kleine Veränderungen etwas Neues bewirken usw. Bekanntlich lernt man aus Fehlern und Misserfolgen am besten und nicht, wenn eigene Ansätze entweder durch Lösungsvorgaben blockiert oder gar durch Kritik und Schelte bereits im Keim erstickt werden.

Hinweisreize als Hilfestellung bieten

Für pädagogische Fachkräfte und Eltern seien hier einige Beispiele für die Paxis genannt. Bei Misserfolgen eines Kindes, die es nicht durch eigenes Handeln korrigieren kann, empfiehlt es sich, statt den sicher zum Ziel führenden Lösungsweg vorzugeben, lediglich Hinweisreize zu bieten.
Beispielhaft sind lenkende Fragen wie: „Was brauchst du denn noch dazu? Weißt du schon, was daraus werden soll? Kannst du das auch noch anders machen?" Auch können direkte Hinweisreize das Kind motivieren und zum Erfolg führen. Hinweisreize können auch Kommentierungen sein, z. B. in einer Rhythmikstunde: „Wenn das Schwingtuch zu heftig geschwungen wird, rollt der Ball herunter." Die Eigenleistung des Kindes ist es nun, das Gesagte zu verwerten und eine Änderung seiner Handlung herbeizuführen, die zum Ziel führt. Auch direkte Hinweise können hilfreich sein, wie „Ich glaube, du hast da etwas vergessen" oder „Die gesammelten Steine sind sehr schwer, es könnte sein, dass die Vespertüte reißt". In diesem Fall wird das Kind die Steine erst einmal in die Papiertüte packen (das eigene Konzept will erprobt werden), um die angekündigte Erfahrung zu machen (es will sich selbst überzeugen), und sich erst danach eine andere Lösung für den Transport der Steine überlegen. Erstaunlich, wie viele erfolgreiche Lösungswege Kinder entdecken, außer den von uns Erwachsenen ausgedachten! Der Erfolg der eigenen Lösungsidee erhöht Frustrationstoleranz, Selbstkompetenz und Selbstwertgefühl und fördert die Autonomie des Kindes.

Problemlöseverhalten unterstützen
„Fehler" aktivieren Denkprozesse und führen im positiven Falle zur Entwicklung von Problemlöseverhalten. Das Kind kann beispielsweise durch tröstende Worte, aktives Zuhören, das Bieten von Hinweisreizen und die Anregung zu Problemlösungen unterstützt werden. Im obigen Beispiel könnte die Bezugsperson sagen: „Schade, jetzt ist die Papiertüte doch gerissen, obwohl du jeden Stein ganz vorsichtig hineingelegt hast. Naja, es hätte auch klappen können, aber leider war das Papier zu dünn für so viele Steine. Vielleicht fällt dir noch was anderes ein, wie du alle Steine nach Hause transportieren kannst." Selbstständiges Problemlöseverhalten ist zeitlebens in schwierigen Situationen von Vorteil. Andernfalls werden Probleme vorschnell als unlösbar beurteilt. Das kann beispielsweise für das Selbstkonzept oder die emotionale Befindlichkeit, die Motivation und Ausdauer oder für die Entwicklung der „praktischen" Intelligenz weitreichende Folgen haben.

Anregende Umwelten bieten

Aktivität anregende Umwelten
Umwelten und Materialien sind anregend, wenn sie das Kind zum Explorieren, zum Hantieren und Manipulieren reizen (z. B. Wiese, Garten, Sandhaufen). Ein abgebrochener Ast beispielsweise kann als Hexenbesen, Zaunpfahl, Spazierstock, zum Trommeln, Schnitzen, Kämpfen, als Angel oder ganz einfach zum Zerbrechen (Kraft und Geschicklichkeit erproben, Erfahrungen mit verschiedenen Holzarten machen, Geräusche erzeugen, Holz riechen usw.) genutzt werden. Je weniger das Material vorgefertigt ist und der Gebrauch eingeschränkt ist, umso anregender ist es. Je mehr die Funktion oder die Handhabung festgelegt ist, desto rascher schwindet das Interesse daran.

Vielfalt bietende Umwelten
Anregend bedeutet auch vielfältig. Der Besuch einer Backstube mit vielen verlockenden Düften und Teig zum Kneten oder ein Baum zum Klettern mit Ästen, die sich gefährlich nach unten biegen oder festen Halt bieten, sind vielfältige Erfahrungsräume, die alle Sinne gleichzeitig aktivieren. Ganz neue Erfahrungswelten kann für ein Stadtkind zum Beispiel der Besuch eines Bauernhofes oder auch ein Waldausflug bieten, während das Landkind in der Stadt „große Augen" macht.

Altbekannte Umwelten in neuem Licht
Anregend bedeutet nicht unbedingt „neu". Denn auch bekannte Materialien sind für ein Kind so lange „neu", wie es immer wieder etwas Neues daran entdeckt oder etwas Neues damit ausführt oder neue Kombinationen mit anderen Materialien bewerkstelligt. Was uns Erwachsenen manchmal schon langweilig erscheint, ist für die Kinder immer noch der begehrte Gegenstand ihrer Neugierde. Kinder benötigen keineswegs ständig neue Spielmaterialien. Sie beschäftigen sich lange und ausgiebig mit einem Gegenstand, bis sie alle Aspekte und Variationsmöglichkeiten erkundet und erprobt haben. Hat das Kind schon die Symbolstufe in der Spielentwicklung erreicht, stehen dem fantasiereichen Umgang mit ein und demselben Spielmaterial Tür und Tor offen.

Neue Umwelten
Anregend ist natürlich alles Neue, weil es einen hohen Aufforderungscharakter zum Erforschen bietet. Dies gilt aber – in Altersabhängigkeit – nur, sofern nicht alle Komponenten einer Situation neu oder unüberschaubar komplex sind, weil dadurch leicht Angst entsteht und die Eigenaktivität gehemmt werden kann.

Gezielte Aufmerksamkeitslenkung
So sehr Kinder Freiräume für freies Spiel und Handeln brauchen, so sehr benötigen sie immer wieder gezielte Hinweise, um die gelenkte Aufmerksamkeit auf besondere Aspekte einer Tätigkeit oder einer Umweltwahrnehmung zu richten. Der Blick, Tastsinn und das Gehör sollen geschärft werden für Details oder spezifische Eigenheiten der dinglichen und sozialen Umwelt; Sinneserfahrungen sollen vertieft und Zusammenhänge oder Unterschiede verdeutlicht werden. Es handelt sich um ein geleitetes Aufnehmen von Sinnesinformationen (= geleitetes Entdecken), das gezielte Lernerfahrungen bietet. Damit werden auf der Basis sinnlicher Erfahrungen kognitive Schemata entweder neu aufgebaut oder bereits gebildete Schemata erweitert und dienen vor allem der Intelligenz-, Sozial- und Sprachentwicklung. Gerade neuere Erkenntnisse aus der Bindungsforschung verweisen auf die hohe Bedeutung der „joined attention", d. h. der an die gerichtete Aufmerksamkeit der Bezugsperson gebundenen Ausrichtung der Aufmerksamkeit des Kindes. Zeigt die Mutter beispielsweise mit dem Fin-

Je weniger die Funktion des Spielmaterials festgelegt ist, desto anregender ist es.

ger auf einen bestimmten Gegenstand, ein Tier usw., wendet das Kind automatisch seinen Blick dahin. Diese angeborene Fähigkeit der „angeschlossenen" Aufmerksamkeitszuwendung (sog. trianguläre Aufmerksamkeit) stellt u. a. die Voraussetzungen für Nachahmungsverhalten („Lernen am Modell") bereit. Zudem erweitert sie das soziale Interaktionsverhalten des Kindes.

Hierzu ein Beispiel: Bei einem Erkundungsspaziergang betrachten die Kinder einen typischen Bauerngarten. Die Erzieherin deutet mit dem Zeigefinger auf die Blumen, damit die Kinder ihre Aufmerksamkeit daraufhin ausrichten: „Schaut mal! Hier gibt es Blumen, an denen ganz viele Bienen den Nektar tanken. Dort drüben, bei den Rosen, sehe ich nur wenige Bienen. Besonders lieben sie blauen Lavendel. Und riecht mal, wie der Lavendel duftet. Könnt ihr noch mehr Blumen entdecken, bei denen ganz viele Bienen einkehren?" Selbstverständlich ist es nicht sinnvoll, Kinder mit so viel Hinweisen auf einmal zu überhäufen. Die Erfahrungen sind umso interessanter und nachhaltiger, je mehr Zeit für einzelne Informationen bereitgestellt wird: zum Aufnehmen, um die Beobachtungen vertiefen zu können, zum Sammeln von Erfahrungen mit eigenen Sinnen (genau hinschauen, hinhören, riechen, anfassen, schmecken usw.), zum Vernetzen und Vergleichen mit bereits gespeicherten Erfahrungen usw. Und natürlich auch, je mehr die Bezugsperson in lebendigem, authentischem Austausch mit den Kindern steht, bereitwillig auf Fragen antwortet, Kommentare und humorvolle Beiträge aufgreift und daran anknüpfend weitere Erfahrungsmöglichkeiten bereitstellt. Dergestalt vielfältige Chancen im spielerischen, aktiven Lernen in lebensnatürlichen Zusammenhängen sollten – gerade in der heutigen Zeit von zunehmenden Einschränkungen natürlicher Spielwelten – mehr denn je genutzt werden. Wenn beispielsweise der fünfjährige Enrico stolz erzählt, dass sein Opa „ganz viele Bienen hat und daraus Honig macht", ergeben sich vielfältige Anknüpfungspunkte für weitere, über die konkreten Sinneserfahrungen hinausgehende Lernprozesse. Konkret Erfahrbares wird so differenziert, erweitert, verglichen, bewertet, mit Emotionen, Informationen und weiteren Erfahrungen verknüpft, gespeichert usw. und schließlich zu höheren kognitiven Leistungen integriert.

Vorrangiges Entwicklungs- und Lernziel in jungen Lebensjahren ist es, ein stabiles Fundament aufzubauen für ein reichhaltiges, von Neugierde und Lebenslust geprägtes Lernen im emotionalen, sozialen, motorischen und kognitiven Bereich. Wie die Erfahrung lehrt, sind natürliche, vielfältig anregende, die Wahrnehmungsprozesse fördernde und positive Beziehung stiftende Umwelten die besten Garanten zur Zielerreichung.

Autorin

Maria Pfluger-Jakob, geb. 1948, ist Diplom-Psychologin und Fachpsychologin für Klinische Psychologie; sie ist approbierte Psychologische Psychotherapeutin für Erwachsene und Kinder- und Jugendpsychotherapeutin. Nach dem Studium der Psychologie und Pädagogik sammelte sie erste Berufserfahrungen mit entwicklungsauffälligen Kindern, Jugendlichen und Erwachsenen in Tagesstätten und Heimen für geistig und körperlich behinderte Menschen. Daraufhin spezialisierte sie sich im Bereich der Neuropsychologie und Neuropsychopathologie und machte Zusatzausbildungen in Verhaltenstherapie, Gesprächspsychotherapie, tiefenpsychologisch fundierter Gestalttherapie, Klinischer Hypnosetherapie und systemisch orientierter Paar- und Familientherapie. Seit 1982 arbeitet sie in ihrer freien Psychologischen Praxis mit den Schwerpunkten Psychotherapie, Entwicklungs- und Leistungsdiagnostik bei Kindern, Beratung von Eltern, Erzieherinnen und Lehrerinnen, Einzel- und Teamsupervision. Darüber hinaus ist sie als Dozentin, Kursleiterin und Autorin tätig.

Literatur

Affolter, Félicie (1977): Wahrnehmungsgestörte Kinder. Aspekte der Erfassung und Therapie. In: Pädiatrie und Pädologie, 12, 1977, S. 205–213.

Dies. (2006): Wahrnehmung, Wirklichkeit, Sprache. 10. Aufl. Neckar-Verlag.

Ayres, Jean (2013): Bausteine der kindlichen Entwicklung. Neuaufl. Springer-Verlag.

Becker, Heidrun (2005): Kinder mit Wahrnehmungsstörungen. Ein Ratgeber für Eltern, Pädagogen und Therapeuten. Schulz-Kirchner Verlag.

Berendt, Joachim Ernst (1985): Das dritte Ohr. Vom Hören der Welt. Rowohlt Verlag.

Bielefeldt, Elfriede (2000): Tasten und Spüren. Wie wir bei taktil-kinästhetischer Störung helfen können. Ernst Reinhardt Verlag.

Biermann, Ingrid (2010): Spiele zur Wahrnehmungsförderung. 2. Aufl. Verlag Herder.

Böhme, Gerhard (2008): Auditive Verarbeitungs- und Wahrnehmungsstörungen (AVWS) im Kindes- und Erwachsenenalter. Verlag Hans Huber.

Brüggebors, Gela (1992): Einführung in die holistische sensorische Integration (HSI) Teil 1. Borgmann-Verlag.

Dies. (1994): Einführung in die holistische sensorische Integration (HSI) Teil 2. Borgmann-Verlag.

Eliot, Lise (2002): Was geht da drinnen vor? Die Gehirnentwicklung in den ersten fünf Lebensjahren. 2. Aufl. Berlin Verlag.

Fischer, Burkhart (2007): Hören – Sehen – Blicken – Zählen. Teilleistungen und ihre Störungen. Verlag Hans Huber.

Fischer, Erhard (2003): Wahrnehmungsförderung. Verlag modernes lernen.

Fröhlich, Andreas (2005): Wahrnehmungsstörungen und Wahrnehmungsförderung. Universitätsverlag Winter.

Ders. (Hrsg.) (1977): Wahrnehmungsstörungen und Wahrnehmungstraining bei Körperbehinderten. Verlag Schindele.

Frostig, Marianne (1973): Bewegungserziehung. Neue Wege der Heilpädagogik. Verlag Ernst Reinhardt.

Goddard Blythe, Sally (2013): Neuromotorische Schulreife. Testen und fördern mit der INPP-Methode. Verlag Hans Huber.

Graichen, J. (1981): Störungen der Integration. In: Remschmidt, H./Schmidt, M. (Hrsg.): Neuropsychologie des Kindesalters. Verlag Enke, S. 280–291.

Hirler, Sabine (2012): Wahrnehmungsförderung durch Rhythmik und Musik. Neuaufl. Verlag Herder.

Hohler, Frank-Michael (1993): Ich bin ganz Ohr! In: kindergarten heute 1–2/1993, S. 3–9.

Holle, Britta (2011): Die motorische und perzeptuelle Entwicklung des Kindes. Ein praktisches Lehrbuch für die Arbeit mit normalen und retardierten Kindern. 5. Aufl. Psychologie Verlags Union.

Hüther, Gerald/Krens, Inge (2005): Das Geheimnis der ersten neun Monate. Unsere frühesten Prägungen. 2. Aufl. Verlag Walter.

Jackel, Birgit (2000): Das Netzwerk des Lernens aus neurophysiologischer Sicht mit didaktischen Konsequenzen für Kindergarten und Grundschule. Verlag modernes lernen.

Dies. (2000): Kinder orientieren sich. Spiele zur Entfaltung psychomotorischer Handlungskompetenz. Verlag modernes lernen.

Karnath, Hans-Otto/Thier, Peter (2012): Kognitive Neurowissenschaften. 3. Aufl. Verlag Springer.

Kesper, Gudrun/Hottinger, Cornelia (1999): Mototherapie bei sensorischen Integrationsstörungen. Eine Anleitung zur Praxis. Neuaufl. Ernst Reinhardt Verlag.

Kiesling, Ulla (2013): Sensorische Integration im Dialog. Verstehen lernen und helfen, ins Gleichgewicht zu kommen. 9. Aufl. Verlag modernes lernen.

Kiphard, Ernst J. (1988): Dyspraxie – das Problem kindlicher Handlungsstörung. In: Praxis der Psychomotorik, Heft 3, 1988, S. 132–142.

Krens, Inge/Krens, Hans (Hrsg.) (2005): Grundlagen einer vorgeburtlichen Psychologie. Verlag Vandenhoeck & Ruprecht.

Kusch, M. (1995): Normale und abweichende Entwicklung im Säuglingsalter. In: Kindheit u. Entwicklung, 4, 1995, S. 7–14.

Kusch, M./Petermann, F. (1993): Entwicklungspsychopathologie von Verhaltensstörungen im Vorschulalter. In: Petermann F. u. U. (Hrsg.): Angst und Aggression bei Kindern und Jugendlichen. Verlag Quintessenz, S. 9–30.

Dies. (1995): Konzepte und Ergebnisse der Entwicklungspsychopathologie. In: Petermann, F. (Hrsg.): Lehrbuch der Klinischen Kinderpsychologie. Verlag Hogrefe, S. 5–94.

Mertens, Krista (1999): Körperwahrnehmung und Körpergeschick. 5. Aufl. Verlag modernes lernen.

Dies. (2004): Lernprogramm zur Wahrnehmungsförderung. Verlag modernes lernen.

Olbrich, Ingrid (2002): Auditive Wahrnehmung und Sprache. 3. Aufl. Verlag modernes lernen.

Papoušek, Mechthild (1996): Kommunikations- und Beziehungsdiagnostik im Säuglingsalter. Eine Einführung in den Themenschwerpunkt. In: Kindheit u. Entwicklung, 5, 1996, S.13–139.

Dies. (1994): Vom ersten Schrei zum ersten Wort. Anfänge der Sprachentwicklung in der vorsprachlichen Kommunikation. Verlag Huber.

Pauli, Sabine/Kisch, Andrea (2012): Was ist los mit meinem Kind? Bewegungsauffälligkeiten und Wahrnehmungsstörungen bei Kindern. Verlag modernes lernen.

Pfluger-Jakob, Maria (1998): So entwickelt sich mein Kind. Vom Kleinkind bis zum Schulanfang. Verlag Herder.

Dies. (2007): Kinder mit Wahrnehmungsstörungen erkennen, verstehen, fördern. 2. Aufl. Verlag Herder.

Rauh, Hellgard (1982): Frühe Kindheit. In: Oerter, R./Montada, L. (Hrsg.): Entwicklungspsychologie. Verlag Urban & Schwarzenberg, S. 124–194.

Reinartz, Anton und Erika/Reiser, Helga (Hrsg.) (1979): Wahrnehmungsförderung behinderter und schulschwacher Kinder. Verlag Spiess.

Schneider, Wolfgang/Lindenberger, Ulmann (2012): Entwicklungspsychologie. 7. Aufl. Verlag Beltz.

Sinnhuber, Helga (1993): Optische Wahrnehmung und Handgeschick. Übungsanleitungen. 3. Aufl. Verlag modernes lernen.

Spitz, René (1973): Die Evolution des Dialogs. In: Psyche, Heft 27, 1973, S. 697–717.

Spitzer, Manfred (2002): Lernen. Gehirnforschung und die Schule des Lebens. Spektrum Akademischer Verlag.

Tomatis, Alfred A. (1990): Der Klang des Lebens. Rowohlt Verlag.

Zimmer, Renate (1991): Das Spiel mit den Sinnen – Zur Praxis psychomotorischer Förderung. In: kindergarten heute, 6/1991, S. 22–26.

Dies. (2014): Handbuch der Bewegungserziehung. Neuaufl. Verlag Herder.

Dies. (2012): Handbuch der Sinneswahrnehmung. Grundlagen einer ganzheitlichen Bildung und Erziehung. Neuaufl. Verlag Herder.

Dies. (2003): Kreative Bewegungsspiele. Psychomotorische Förderung im Kindergarten. 16. Aufl. Verlag Herder.

Dies. (1996): Motorik und Persönlichkeitsentwicklung bei Kindern. Hofmann-Verlag.

Dies. (1991): Psychomotorik – mehr als ein Reizwort. In: kindergarten heute, 4/1991, S. 18–26.

Dies. (1992): Sprache und Bewegung. In: kindergarten heute, 6/1992, S. 52–58.

Dies. (1993): Veränderte Kindheit – verändertes Spielen. In: kindergarten heute, 3/1993, S. 42–50.

Zimmermann, Antje (2009): Ganzheitliche Wahrnehmungsförderung bei Kindern mit Entwicklungsproblemen. 4. Aufl. Verlag modernes lernen.

Wissenschaftlich interessierten Lesern seien folgende Lehrbücher empfohlen:

Goldstein, E. Bruce (2002): Wahrnehmungspsychologie. 2. dt. Ausg., hrsg. v. Manfred Ritter. Spektrum Akademischer Verlag.

Ders. (2014): Wahrnehmungspsychologie. Der Grundkurs. 9. Aufl. Spektrum Akademischer Verlag.

Kandel, Eric R./Schwartz, James H./Jessel, Thomas M. (Hrsg.) (1996): Neurowissenschaften. Eine Einführung. Spektrum Akademischer Verlag.

Impressum

wissen kompakt/spezial: Wahrnehmungsstörungen bei Kindern – Hinweise und Beobachtungshilfen ist ein Sonderheft von ‚kindergarten heute – Die Fachzeitschrift für Erziehung, Bildung und Betreuung von Kindern'

Redaktion:
Franziska Aehlen (verantw.)
Carolin Küstner

Anschrift der Redaktion:
Hermann-Herder-Str. 4
79104 Freiburg
Tel.: 0761 / 2717-322
E-Mail: redaktion@kindergarten-heute.de
www.kindergarten-heute.de

Verlag:

www.herder.de

Fotos:
Titelfoto und Fotos S. 2, 14, 20, 30, 36, 46, 58: Hartmut W. Schmidt, Freiburg
Fotos S. 26, 52: Heidi Velten, Leutkirch

Konzeption:
Frank & Konsorten
Werbeagentur, Lahr

Satz, Layout und digitale Bearbeitung:
rsrdesign, Wiesbaden; www.rsrdesign.de

Druck:
Medienhaus Plump GmbH, Rheinbreitbach

Leserservice:
Verlag Herder GmbH
Hermann-Herder-Str. 4
79104 Freiburg
Tel.: 0761 / 2717-379
Tel.: 0761 / 2717-244
Fax: 0761 / 2717-249
E-Mail: kundenservice@herder.de

Gedruckt auf chlorfrei gebleichtem Papier

Titelnummer 180

ISBN 978-3-451-00180-2